八重山民話の世界観

石垣　繁

榕樹書林

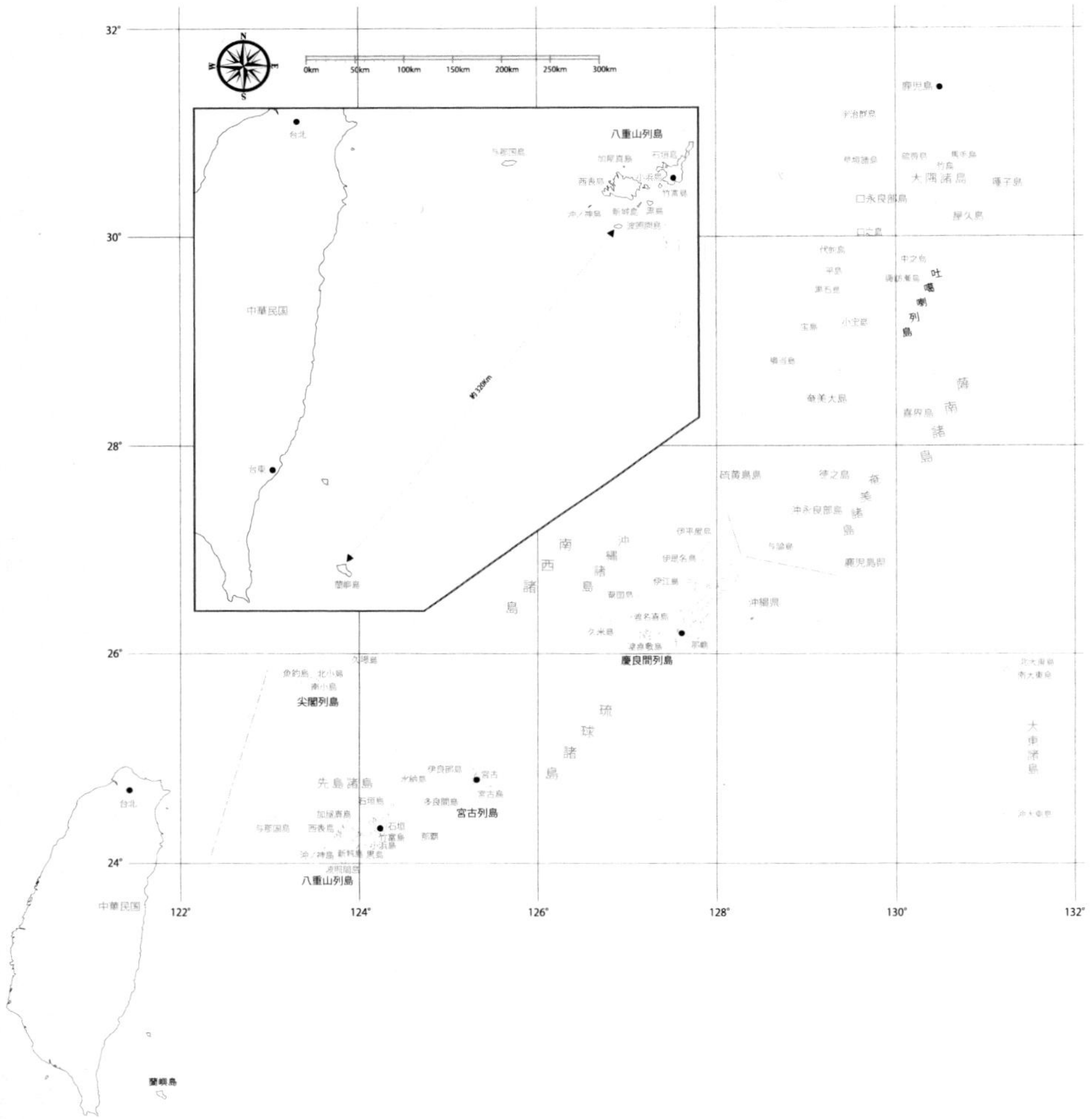

本書は石垣市の『大濱皓文化振興基金助成事業』の援助を
得て発行されたものである

目次

第一章　「パイパティローー」説話の世界観

はじめに

波照間島は八重山諸島の一島で、石垣島の西南海上約四二キロメートルに位置する。竹富町に属し、一島一字をなす。沖縄県の南端に位置し、有人島としては日本最南端に当たる。

朝鮮済州島漁民の琉球見聞録について記した一四七七年の「成宗大王実録」（李朝実録）には「捕月老麻伊是麼」（ポタルローマ）、「悖突麻広義」には「巴梯路間」（パティロー）と見える。「おもろさうし」には「はてるま」とある。

島は面積一二・四六平方キロメートル、周囲一四・八〇キロメートルの東西に長い楕円形をなし、八重山諸島の中では西表島、石垣島、与那国島に次ぐ四番目に大きな島である。地理的に見ると南方諸国と琉球諸島を結ぶ南端の接点にあり、先島諸島の中でも比較的古い歴史を持っている。島にはオヤケ・アカハチの乱（一五〇〇年）で知られるオヤケ・アカハチ生誕の地や、長田大翁主の生母を祈念する長田御嶽、アカハチに殺された島の英雄・明宇底獅子嘉殿とその一族に関わる聖地（御嶽）などがある。

正保年間（一六四四〜四七）に調査作成された『宮古八重山両島絵図帳』によると、島には、あかた・おふか・たかす・たはる・なしち・なわんて・野川・平田・みおすく・山田の十二箇村が存する。今日、島は五つの集落から成り、名石・前・南・北の四集落がほぼ中央部に、外（富嘉）集落が北西部に形成されている。

島人は信仰心が厚く、八重山諸島の中でも祭祀が多く、その種類と内容も多彩である。この年中祭祀は、各集落における御嶽を中心に行われている。「神行事」（カニメー）と祖霊供養を目的とする「仏事」に二分される。

年間の神行事のなかで最大の行事は、陰暦六月に行われるプーリン（豊年祭）で、その年の稲粟の初穂を神前に捧げ、当年の豊作を感謝し、来年の豊作を祈願する祭祀である。島最大の行事は、陰暦七月十四日に行われる祖霊供養の祭祀「ムシャーマ」である。波照間島では陰暦七月を「遊び月」と称して旧盆には島外居住者も帰島し老若男女がうち揃い芸能の祭典「ムシャーマ」を楽しんでいる。

もっとも、この行事は豊年祭祀のエンヌユーニンゲー（来年の豊作祈願）の仮装行列が祖先供養の「ソーリン」に移行して豊年祭祀と祖霊祭祀とが合体した島独特の民俗芸能となったものと言われている。また、島には数多くの伝説があり、信仰の島、伝説の島と称されている。

一、八重山諸島の説話の特質

福田晃氏は、『日本昔話大成第12巻』で、本土の昔話と対比して南島の民間説話の特質を、次のように述べている。[1]

（1）素材的な特質として、南島だけがもっている独自の話型、サブタイプの昔話というものは本土に比べて三対一の割合である。

（2）内容的な特質としては、「由来譚的性格」をもち、より強く真実性に傾斜しているという問題に絡んでいる。

（3）伝承心意の特質として、真実性を要求する傾向が顕著である。

右の三つの特質は、八重山諸島の民間説話においても同様に指摘できる。

ところで、球陽外巻『遺老説伝』の中に八重山諸島の民間説話として、次の説話を収録している。[2]

①与那国島三根崎頓岩（与那国島三根崎の頓岩の由来）、②八重山石垣平久保大石嶼（平久保大鳥）、③八重山西表村祖納（遠波蒿根所の由来）、④八重山武富島（船作りの由来）、⑤八重山石垣登野城邑宮屋鳥山（宮屋鳥嶽由来）、⑥八重山大濱村崎原嶽（鉄器の由来）、⑦八重山宮良邑白保邑（筑石の始）、⑧八重山名蔵村（名蔵嶽の由来）等である。

これ等の説話は、すべて内容的には「由来譚的性格」を有し、その伝承の心意は真実性を帯びて現在でも民間説話（民話）として語りつがれている。

今日、八重山諸島では民間レベルでの民話採集が行われその数は数百に及んでいる。なかでも、上勢頭亨の著書『竹富島誌』（民話・民俗篇）には一〇二話の民話が所収されている。内容的にみると、そのほとんどのものが由来譚的性格を有している。

そこで、ここでは「パイパティロー説話」を中心に、（1）その起源、（2）事件の説話化、（3）派生した説話などをとおして、民間説話と伝承社会の関係について述べることにする。

二、「パイパティロー」説話

(1) その起源

八重山の前近代史を理解する上で不可欠な基本資料の一つに『八重山島年来記』がある。これには八重山前近代史に関する諸史料（「人事往来」「天災地変」「村落移動」「人口変動」など）が盛り込まれている。

パイパティロー説話は、その年来記の一六四八年の条に記された「八重山・波照間島で起きた島人の脱島事件」をその起源としている。

波照間島平田村の百姓四、五〇人が「大波照間」という南方の島へ脱出し、この事件を王府へ報告するために上国した波照間島駐在の首里大屋子（しゅりおおやこ）と石垣親雲上（いしがきぺーちん）が責任を問われ罷免された事件である。

『八重山島年来記』順治五年（戊子）の条には、次のとおり記されている。

一、波照間村之内平田村百姓男女四五拾人程、大波照間与申南之島江欠落仕候。右ニ付而波照間村松茂氏波照間首里大屋子・守恒氏石垣親雲上乗船与乗合、上国仕候処、越度有之役儀被召迦罷下リ候砌、南之島漂着、彼役石垣親雲上始船中人数ハ次五春、与那国島江参着、夫与帰島為仕由候

（傍点・句読点引用者）[3]

右の記述からは、当時の役人が何たるかを知ることはできるが、脱島事件の首謀者が誰であるかを知ることはできない。

(2) 事件の説話化

右の「波照間人の脱島事件」は民間説話となって今日でも語りつがれている。ここでは、文字化された

テキストから出発することにする。

その説話を文字化した最初の人は、『ひるぎの一葉』（一九二〇年〈大正九〉、浜崎荘市が刊行した、初の八重山紹介書）の著者・岩崎卓爾と思われる。

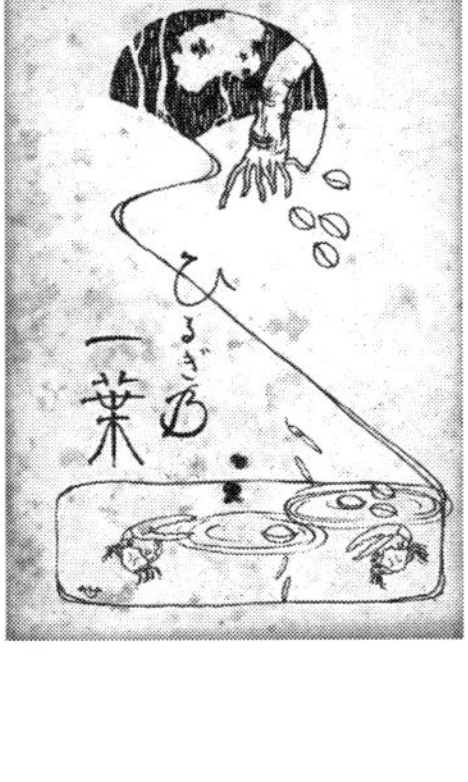

〈その一〉『岩崎卓爾全集』では、次のように記されている。

○島人の亡命説

人頭税率愈々加ハリ負担ハ主トシテ中産以下ノ肩上ニ移サレケレバ、村民ハ藩政ノ誅求圧制ヲ怨嗟セリ。順治五年（紀元二三〇八）尾久村（一本平田）ノ「ヤクアカマリ」民衆ノ窮愁ヲ救ハント、密ニ南方洋海ヲ普ネク探検シ漂渺ノ間ニ一ノ仙島ヲ発見シタリ。楼閣玲瓏、綽約タル仙子棲ム、南波照間ト名ヅク。諸人ト共ニ移住スベキヲ説ケリ。依テ老若男女四、五〇人一行ト暗夜ニ乗ジ、日用ノ道具ヲ山積シ将サニ解纜セントスルヤ、一婦鍋ヲ遺忘シ倉皇トシテ陸ニ去レリ。星移、転瞬ナラズシテ曙天　ラントハ。舟人危惧婦ノ帰来ノ遅キヲ喞ツ、捨テ、楽土ニ旅立チヌ。婦急ギ抵レバ船ハ順風ヲ孕ミテ航走セリ。婦息ヲ喘マセテ叫ベドモ呼応スルハ無情ノ潮、今ハ気屈　自ヲ衣ヲ裂キ全身ヲ掻キ悶ヘ、覚エズ手ニセル鍋ニテ砂上ヲ掻キツ、狂乱声ヲ放ツテ泣キ心神喪失シ仆レタリ、後世此処ヲ「ナベカキ」ト云フ。

【註】　島民南航ノ口牌ニヨリ討究セバ台湾生蕃ノ或ル部落ニハ北方ヨリ移住セシト伝フ。(4)

この亡命の説話は、順治五年（一六四八）のことで、首謀者が屋久村の「ヤクカマリ」であり、南波照間が南方洋海の「仙島」で「仙子の住む島」であるという。また、『八重山島年来記』の「大波照間と申す南の島」を「南波照間」と替えて呼称している。そして、脱島（亡命）の理由をいわゆる南島の人頭税の重圧から民衆の窮愁を救うことにありとしている。その計画の断行から一人の女が鍋を忘れて島に取り残される。このことは後述の地名の由来譚ともなっている。（引用文中の尾久村は屋久村の誤り）

〈その二〉柳田國男は『海南小記』で、次のように記している。

○ 南波照間

波照間島は石垣から西南、猶十一里餘の海上に孤立して居る。此から先は只茫々たる太平洋で、強ひて隣と謂へば台湾が有るばかりだが、しかも茲へ来れば更に又、パェパトローの島を談ずるさうである。パェは南のことで、我々が南風をハエと呼ぶに同じく、パトローは波照間の今の土音である。この波照間の南の沖に今一つ、税吏の未だ知つて居らぬ極楽の島が、浪に隠れてあるものと、かの島の人は信じていた。

昔百姓の年貢が堪へ難く重かつた時、此島の屋久のヤクアカマリと云ふ者、之を済はんと思ひ立つて、遍く洋中を漕ぎ求めて終に其島を見出し、我島に因んで之を南波照間と名づけたと傳へて居る。徐福が大帝の命を承けたのとは事かはり、此は深夜に数十人の老幼男女を船に乗せて、竊かにその漂渺の邦へ移住してしまつた。其折に只一人の女が、家に鍋を忘れて取りに戻つて居る間に、夜があけかゝつたので其船は出去つた。鍋掻と云ふ地は其故跡と云ふことに為つて居る。取残されて嘆き悶え足摺し、濱の真砂を鍋で掻き散らした處と謂ふのである。（以下略す）[5]

この説話の首謀者も屋久村の「ヤクアカマリ」である。その島が波照間の南に位置し、税史の未だ知って居ぬ「極楽の島」と島人は信じている。その島名の由来も、我島に因んで「南波照間」と名付けたと称している。

右の①②の説話から、波照間島人の脱島当時の島の状況をうかがい知ることができる。歴史的に見ると、いわゆる南島の人頭税は一六〇九年（慶長一四）薩摩藩の琉球侵略を契機に、二九年（寛永六）には在番制が敷かれ、近世の宮古・八重山で課された頭割りの税制である。説話の起源となった『八重山年来記』の順治五年（一六四八）の条は、人頭税施行（一六三六年）後の十一年目に当たる。

〈その三〉谷川健一は、『埋もれた日本地図』の中で、次のように述べている。

○人頭税による住民の窮状

また波照間島には、人頭税の苦しさから逃れようと、たまたま同島の南洋上に発見した一島に四、五〇人が闇夜に乗じ、ひそかに移住をこころみた。ところがその中にひとりの婦人が鍋を忘れたといって、家にとりにかえっているあいだに、夜が明けかかったので船はあわてて出帆してしまった。婦人は息をはずませて呼んだが答えず、ついに手にもった鍋で砂をかきむしってなげき悲しんだという話が残っている。史書には一六四八年となっており、移住をこころみた島は南波照間《ぱいはてるま》となっているが、しかしそのような島はなく、もとより伝説にちがいないけれど、離島の民が天災よりも人頭税をおそれたことは、これによって充分うかがうことができる。[6]

〈その四〉笹森儀助は『南嶋探検』で「南波照間」について、次のように述べている。

○南波照間嶋（みなみはてるま）

今回、八重山嶋ニ至リ地方人ノ言フ所ニ拠レハ、往昔、波照間嶋ノ中、一村人民、其苛税ヲ憤リ挙《こぞつ》テ（今、該嶋現ニ其四十余戸ノ屋敷跡存留セリ）其南方ノ一島嶼ニ移転セリト。其有無《うむ》未《いま》タ判然セサレトモ、今ニ之ヲ南波照間嶋ト称シテ、其子孫ノ連綿タルコトヲ信ジテ疑ハス。

去《さる》二十五年一月、県知事ヨリ海軍省へ探験ヲ稟請《りんせい》シタル、主要ノ第ニナリト云フ。然ルニ、海門艦長ハ、所在モ不明ノ島嶼ヲ探験スルノ道ナシ、且、本省ヨリ其命ナシト断レリト。

【元ヨリ所在不明ニ付キ探検ヲ要請シタルニ、如斯《かくのごとき》トハ冷淡ゾ。軍艦ナキニ如《し》カサナリ（以下略す）】。（句読点、編者。傍点、引用者。）[7]

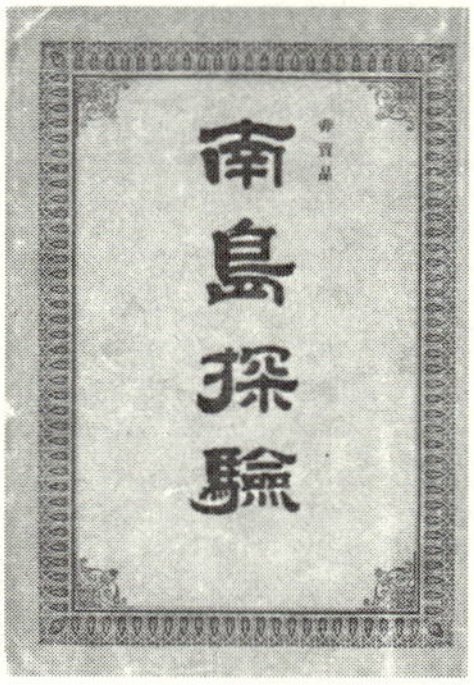

笹森儀助は、冒頭の文が示すように与那国島を訪ねてはいるが、何故か日本最南端の波照間島へは足を踏み入れていない。八重山島、すなわち、石垣島において聞いた地方人の話を拠り所にしている。

その記述によると、「南波照間嶋」は波照間島の南方の一島嶼で、その島の有無は未だに判然としていない。そのことに関して、明治二五年一月、時の沖縄県知事から海軍省にその島の探検を依頼するが、所在不明の島嶼故に探検出来ずと断られたとのことである。

このように、いわゆる南島の人頭税の治政下において、生きることを潔しとしなかった波照間島平田村の島人の憧れの新天地「南波照間島」の所在は、令和の今日においても歴史の謎となっている。

〈その五〉宮良高弘は、著書『波照間島民俗誌』の中で「ナビカキマスの話」として次のように記している。

○ ナビカキマスの話

人頭税が課されていたころの話である。島民は、重税に苦しめられていたのであるが、ある時、小豆の枝でグイ布を織って、納めるようにという命令が下る程であった。そのころ、ヤグムラにアカマリと称するものがいた。ある夜、密かにムラの衆を集めて相談をした。それは、人頭税という重税をのがれて逃亡する相談であった。折りしも、この島には、人頭税の俵やグイ布を積む船が来ていて、順風の出るのを待っていた。役人たちが陸上で酒を飲み酔いつぶれ、島民も寝静まったスキを見はからって、その上納船を西南のウラピタの浜に廻し、村人を乗せて逃亡した。その折、一人の婦人が鍋を忘れたので、取りにもどった。いくら待っても帰って来ない。船はとうとう出帆してしまった。その婦人は、船にもどって来る途中、田圃の近くにさしかかったとき、船の出ていくのをみた。そこで婦人は、鍋をカキながら、ジダンダを踏んで泣きわめいたという。夜は、すでにしらじらと明けはじめていた。

そのことがあって以来、その婦人が泣いた田圃を誰とはなし「ナビカキマス」と呼ぶようになった。(8)

〈その六〉角川書店発行の『沖縄の伝説』の中で、次のように記されている。

○「離島哀傷」

波照間島には人頭税の過重に苦しんだ時代を象徴する鍋かき田という伝説もある。そのころ、男は米や穀物、女は織物を上納しなければならず、それはもはや体力の限界を超えていた。そこでヤグ村のアカマリという男は、ひそかに村人を集め、島を脱出し逃亡しようと相談を持ち掛けた。そこで船着き場には米俵や御用布を積荷し終わった船が碇泊していた。役人や船員は島に上陸して、村で酒を飲んで酔いつぶれていた。そこで村人たちは夜半、その船をのっとって、どこか住みよい島をめざして出帆しようと決心した。ところが、いざというときに、一人の婦人が鍋を忘れて、それを取りに村へ引っ返した。いくら待ってもその婦人は来ないので、夜明け近くにヤグ村の人たちを乗せた船は出航してしまった。例の婦人はちょうどそのとき鍋をもってかけてきたが、船は遠ざかっていくばかりであった。彼女は落胆し大声で泣いた場所は、田んぼの側であったところから、その田んぼのことをナビキマスと呼ぶようになったという。(9)

このように、波照間島では「ナビキマス」(鍋掻き田)、または「ナビ・ハキャヌ・ウガル」(鍋掻きの坂)の話となって語りつがれている。しかし、この種の説話を島人は「人頭税にまつわる話」と受け止めているものの、それが史書『八重山島年来記』に記された出来事であることを知る人は少ない。

『八重山島年来記』では、この事件を王府へ報告するために上告した役人が責任を問われ罷免されたとされている。

〈その七〉新川明も、著書『新南島風土記』の中で、次のように述べている。

○幻の楽土「ぱい・ぱてぃろーま」

（前略）この南波照間伝説については柳田國男も「海南小記」の中でとりあげているが、その昔、島の人たちは余りにも過酷な人頭税の重圧に苦しんでいた。

そのころ島にヤク・アカマラという傑物がいて、何んとか島の人たちを救済しようと考え、舟を出して楽園をさがし求めた。ついにはるか南の洋上にこれを見つけたので、島に戻り、ある年、貢税を取り立てに来た役人の船を盗んで部落の人たち数十人を乗せ、ひそかにその島へ移った。その島を「南波照間」と呼ぶのだが、これが現在のどこを指しているかは明らかでない。

ところが、ヤク・アカマラが船出する時、一人の女が家に鍋を忘れて取りに戻っている間に、夜が明けかかったので船は止むなく女をのこしたまま出帆してしまった。女は遠ざかっていく船を見て、鍋で足元の砂を掻き散らして嘆き悲しんだと伝えられている。

この伝説を、そのまま史実として考えることは危険であるが、きびしい離島の生活とあわせて、苛酷な人頭税制度の重圧を考えるとき、この伝説のように、島の人たちが島を逃れて南方洋上の楽園にいってしまう。という「夢」が如何に切実なものであったか、よく理解されるところである。

島の人たちは、ヤク・アカマラの伝説を固く信じており、取り残された女が鍋で砂を掻き散らした場所は「ナビ・ハキャヌ・ウガル」（鍋掻きの坂）と称している。[10]

ところで、島に伝わる「ナビキマス」の説話は、次の「モチーフ」から成りたっている。

○説話のモチーフ

①人頭税が課されたころの話である。
②人頭税がいかに重税であったかを語る。
③首謀者のヤク・アカマリ（アカマラ）が登場し、ムラの衆に南波照間島へ脱島をもちかける。
④役人や島人の寝静まるのを待って上納船を使って逃亡を試みる。
⑤一人の女（婦人）が家に鍋を忘れて取りに戻る。
⑥みなは女（婦人）の帰りを待ちきれずに出帆する。
⑦女（婦人）は船にもどる途中、ある田んぼの近くで船の出帆を見届け一人島に残される。
⑧そこで、女（婦人）は、鍋を掻きながらジダンダを踏み泣きわめく。
⑨それ以来、その女（婦人）が泣いた近くの田圃を「ナビキマス」（鍋掻き田）、「ナビ・ハキャヌ・ウガル」（鍋掻きの坂）と呼ぶようになった。

これらのモチーフの構成要素のうち、とりわけ重要と思われるのは、①②③⑤⑦⑨のモチーフである。

①②のモチーフは、脱島の要因を人頭税の重圧に有りとしており、波照間島人の脱島の歴史的、社会的要因を語っている。小豆の枝でグイフ（上納布）を織るとは、今日の科学の力をもってしてもなし得ぬ無慈悲な要求である。

③のモチーフでは、脱島の首謀者が屋久村の「アカマリ」（アカマラ）であることを示す。どうして『八重山島年来記』では、それが伏せられているのだろうか。

⑤のモチーフは、いかに「鍋」が生きていくのに必要条件であるかを物語っている。このくだりは『八重山島年来記』からは知ることができない。そこで、どうして「一人の女（婦人）が家に鍋を忘れて取りに戻る」のだろうか。その必要性は何か。

⑦「その女（婦人）がもどる途中、ある田圃の近くで船の出帆を見届け一人島に残される」は、何を意味するのであろうか。このモチーフは、単に「ナビキマス」の地名の由来を語るためのものなのか。きっと、その婦人は、ことの顛末を語るように強要されたに違いない。波照間島では、その女（婦人）がその後、どう処遇されたか島の伝承すらない。

⑨のモチーフは、どうして、その田圃が「ナビキマス」「ナビ・ハキャヌ・ウガル」と呼称されるに至ったかの経緯を語っている。今日、島では土地改良が進み、水田を想像することすらできない。また、研究者の中には、その場所を砂浜に見たてて記述しているのが目に付く。そのことは、波照間島へ足を踏み入れたことがないことを自ら暴いているように思えてならない。百聞は一見に如かずである。

（3）派生した説話

今日、パイパティローー（南波照間島）は、所在不明の実体なき島として興味ある疑問を投げかけている。ところで、波照間島出身の加屋本正一の著書『波照間島』の中に「南蛮に通う男」としてタァレー・ウニの話がある。

○南蛮に通う男

昔、波照間島の南部落に一人の男がいた。その名をタァレー・ウニといった。ある日、この男は中国へ行くことになった。牛を田んぼにつなぎ旅立ちした。この男は一番鶏の鳴く頃船を出し、一かき三かきかい（櫂）を使ったかと思うと、船は飛ぶように走って沖へ消えてしまうほどの速さであったという。その速さで中国を一週間で通ったと言われている。[11]

右の説話の主人公タァレー・ウニ（船頭の名）にまつわる島の伝承は興味をそそる。

○島の在りかを言うな（勝連文雄氏談）

私の父の生家を島人はタァレーと言う。

タァレー家の何代か前の先祖にタァレー・ウニという航海術に長けた船頭がいた。

彼は幼少の頃から屋久村（ピタ村）のアカマリと懇意にあって人もうらやむほどの大の仲良しであった。ピタ村の百姓が「南波照間島」という南の島へ脱島した事件があって数年後のこと、タァレー・ウニは唐からの帰島に、嵐に遭ってある島に流され九死に一生を得た。その島に水を求めたところ、偶然にも幼き友・ヤグ・アカマリに出会った。「ボーヤーボー」という仔牛を呼ぶ声でそれとなく知れた。（波照間島では、今日でも「ボーヤーボー」を連呼して仔牛を呼んでいる）。

二人は久闊を叙したが、ヤグ・アカマリはタァレー・ウニの上陸を制して言った。

「この島は、人食い島であるので、君の存在が知れると必ず打ち首に

勝連文雄

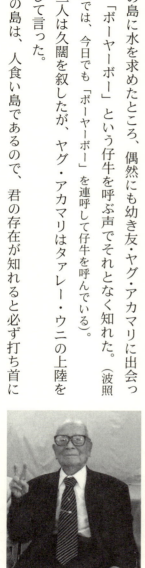

遭う。水を与えるのでいち早くこの島を去ってくれ。そして、自分たちがみな健在であることを波照間島の人々に伝えて欲しい。しかし、この島がどこにあるかを明かさないで貰いたい」。

タァレー・ウニは礼を述べ、そのことを約束して言われたとおり、その島を辞して無事帰還することができた。タァレー・ウニは、ことの経緯を島人に語ったが、しかし、我が友・ヤグ・アカマリとの約束を固く守り、その島のありかを明かすことはなかった。[12]

○島が消える

八重山諸島の主島石垣島の東南の黒島、新城、波照間の島々には、それぞれに「島が沈んだ」という説話がある。

〈その一〉又吉知福翁の「村の伝承」

地震のあと、午（東南）の方向に赤い色をもった高い波があがり、それがくずれるのが見えたが、まもなく東南の方から雲のように高い波がよせて来て島をおそい、島は一坪ものこさず洗われた。又、島の東南方の沖には「カタガシシマ」という干瀬があって、カタガシ魚（和名ヒメジ）がたくさんおり、島の人がいつも大漁していた。当時は卵を生みに集まるのだろうといわれていた。ところが津波後そこへ島の人が漁に行ったところ、その干瀬は跡形もなく、消えていて、そこは非常に深い海となっていた、ということである。陥没によって、カタガシシマという干瀬は、こつぜんとして消えたものと思われる。[13]

〈その二〉米盛善起翁の「スネの話」

昔、「南波照間島」は、ベシィマ（我が島＝波照間島）の巳の方（南東南）の方角にあって、島で野焼きをする煙が波照間島から見えた。その島が、いつしか海底に沈んでしまい今では見えなくなっていると古老から聞いた。

ベシィマ（波照間島）の周辺海域には、いくつかのスネ（暗礁）がある。

一つは、ミーヌバーの「スネ」と言い、ミーヌバー（巳の方）の海上にある。その方角に時速一〇キロメートルの鰹釣り船で五時間ほど走らせると、石垣島や西表島の山が隠れて見えなくなり、そこから更に二時間ほど走らせた所にある。そのスネは、仲間の釣り人が錨をおろしてその深さを測ったら約六二尋あった。

二つは、台湾ズネと言い、波照間島のサーヌバー（申の方）に位置し、同じ鰹船を六時間ほど走らせた所にあり、そこの深さは四八尋あった。そこからは「仲の神島」が東南の方角にクバ笠の大きさに見えた。

三つは、中の「スネ」と言い、波照間島のインヌバー（戌の方）で与那国島の真南に位置し、そこまでは七時間余もかかった。そこからは与那国島の浜も見え、台湾ズネとの間の距離は二時間にも及んだ。

四つは、「シンズネ」（新しい暗礁）と言い、波照間島のビーヌバー（亥の方）で、与那国島の東南にあって「ユノンズニ」（与那国スネ）とも呼んでいる。

右の四つのスネ（暗礁）の中で「南波照間島」は、波照間島の巳の方（南

ミーヌバーの「スネ」を指差す米盛善起翁

東南）のスネであると島の古老から聞いた。そこは、大海の中にあって海底が盛り上がっていて、魚のエサがいっぱいあって小魚が集まっており、その小魚を求めて鰹やその他の大きな魚が集まり絶好の釣り場となっている。

島では、スネのことを「トゥリィマギ」（鳥の集う所）とも言っている。(14)

三、「パイパティロー」説話の世界観

○「南」への志向性

沖縄の祭祀儀礼のなかに見出される世界観のうち、人間の住む世界と対比的に認識された他界、別の世界を意味する「ニライ・カナイ」がある。

学兄の比嘉政夫は、「ニライ・カナイ」について、次のように述べている。

にるや、かなや、ぎらい、かないなどの呼びかたがある。沖縄の祭祀儀礼のなかに見出される世界観のうち、人間の住む世界と対比的に認識された他界、別の世界を意味する。ニライ・カナイという世界が、海のかなた、もしくは海の底・地の底にあって、そこから人間の世界、村落に神々が訪れてきて、さまざまな豊穣・幸などをもたらしてくれるという神観念、超自然観と結びついた他界観である。ニライ・カナイは対語的表現であるが、地域によってはニロー、ニレー、ニッラなどの方言差がある。ニライ・カナイに対する民俗社会の人々のイメージは、たんに理想郷・幸福の根源として捉えてい

るのではなく、ときに悪しきもの、災いなどをもたらすものの住む世界の意味もあり、両義的なものとされている。⑮

ところで、この説話でみる「パイパティローマ」の島とは、いかような島であろうか。この説話の起源となった『八重山島年来記』では「大波照間と申す南の島」となっており、その方向は南の海の彼方を示している。そのことは「パイパティロー説話」からも知れる。

ここで問題にしたいのは「大波照間と申す南の島」である。「大波照間」とは、単に島が波照間島より大きいだけなのか。なぜに、この説話では「大波照間」が「南波照間」に変わったのだろうか。

地理的に見ると、波照間島は東シナ海の南域に位置して南方諸国と琉球列島を結ぶ南端の接点にある。その南の果ての波照間島で大海を望むとき、その南にもう一つの島があるという幻想を生み出せる。そして、この幻の島は人頭税の苛酷に苦しんだ時代の島人に自由の島を想定させ、「大波照間」「親波照間」、故郷といった観念的根源への志向性と相俟って「南波照間」へと変わったのであろう。その南への志向性は、日本の熊野地域の「補陀落信仰」との比較によっても確かめることができる。

斎藤正二は『大百科事典』（平凡社）の「南と日本人」の項で、次のように記している。

すなわち、南の方位とは、五行でいえば火（陽の火で、熱と光とをもつ）を五色でいえば赤を、五時でいえば夏を、十干でいえば丙丁（草木が伸長し充実した状態）を、十二支でいえば午（万物が繁盛の極を過ぎて衰微のきざしを見せはじめたさま）を、九星でいえば九紫（高貴、頭脳、名誉、麗、表、争などを意味する）を、易卦でいえば離（火、日、天、中女の相をあらわす）を、それぞれ意義し、それぞれが陰陽五行論哲学の理論的システムのなかで矛盾なしに作用すると考えられたのである。矛盾なしにと述べたが、その一例を挙げると、遠く南海の孤島にあると信じられた補陀落（日本では和歌山県熊野地方がこの観音浄土に至る入口に擬せられた）への渡海（補陀落渡海）が〈子月〉（旧十一月）と定められ、また渡海の船を送り出す補陀落山寺の位置からすると那智滝の滝壺が〈子方〉（北、水気、坎宮、一白をあらわす方位）に正しく位置するのは、このように周到綿密に計算されて形成された〈子午軸〉をたどるかぎり〈午方〉（南、火気、生命繁茂）なる観音浄土への到達は必ず可能なはずと信じられたためである。(16)

ところで、岩崎卓爾はパイパティローを、南方洋海に浮かぶ楼閣玲瓏、綽約たる仙子棲む「仙島」と称している。柳田國男も波照間の南に位置し、税吏の未だ知っていぬ「極楽の島」と呼称している。また、木崎甲子郎は著書『海に沈んだ古琉球』の中の「ニライカナイ」異説で、次のように述べている。

沖縄の信仰とか「こころ」をかんがえるとき、この「ニライカナイ」がどうしても問題になる。幸をもたらす源が海の彼方にある、島から海の向こうに対する信仰、というようなどちらかといえば形而上的な議論が多いように見える。しかし、その内容は、火の起源または稲の種子、あるいは住民の元祖がニライの彼方から渡ってきたもの、といった具体的な伝承のようである。

祖先の国が海の彼方にあり、そこに幸がある、という言伝えがあれば、海を渡ってそこにいってみたい、という願望が湧き、それを実行する若者がいたはずだ。それは人間本来の未知への探求の欲望であり、本能的な探検精神である。島の生活が貧しければなおさらである。だから、「ニライカナイ」は海の彼方からの一方通行ではなく、こちらからも出かけていく往復であったとかんがえたい。云々[17]

ところが、「パイパティロー説話」は若者にとどまらず、村を挙げての大脱島である。そこで、波照間島の島人が生活の基盤としての「パイパティロー」の島をどのように認識していたかを考えることは、彼らの行動の諸様式を規定する、さまざまな価値基準に立ち向かうことになる。人頭税を逃れるための脱島事件が人間の生命存続にかかわる問題であるだけに、深い関心を寄せつけずにはおけない。

確かに、島人が南の大海に人頭税のない島を求める心は強い衝動となってあらわれたに違いない。しかし、それを断行するには危険な脱島があり、未知なる島への憧れと不安がある。そこには自然と人間との相互作用によって培われた世界観を理解することが前提的に必要となる。

そこで、島の信仰の客体としての御嶽について述べてみる。

○島人の神観念

波照間島では御嶽を、ワー、ヤマ、ムル、ウガンと称している。

『八重山島由来記』によると、島には「真徳利御嶽」（マートゥルーワー）、白郎原御嶽（シサバルワー）、阿幸俣嶽御（アパティワー）の三御嶽が記されている。この三御嶽は、ピィテーヌワー（野畑の御嶽）と称され、それぞれが島の中南部に位置し、集落内にある御嶽の遙拝の対象となっている。

今日、島は五つの集落から成り、それぞれの集落に一つあての御嶽があり、ピィテーヌワーの遙拝所だと考えられている。その関係を図示すると、左の通りである。

真徳利御嶽——阿底御嶽（外部落）
阿幸俣嶽御——大底御嶽（前部落）
　　　　　　＼大石御嶽（名石部落）
白郎原御嶽——新本御嶽（南部落）
　　　　　　＼美底御嶽（北部落）

ところで、島人の神観念には二つのタイプがある。一つは、常に村に滞在し、部落を守ってくださる常住神（Aタイプ）、もう一つは、来訪神……海の向こうの「とこよから時を定めて訪ふ神（折口「まれびとの意」）（Bタイプ）」である。

この二つのタイプで、島に存する御嶽の神をみると、次のように分類できる。

Aタイプ（常住神）は、それぞれの部落内にあって「鳥居」「拝殿」「香炉」「イビ垣」を有する「部落の御嶽」に常住する天下りの神（垂直神）。

Bタイプ（来訪神）は、島の中南部にあって「拝殿」「香炉」などを有せず、その森全体が聖地とされる「ピィテーヌワー」（野畑の御嶽）に海の彼方から訪れる神（水平神）。

この二つの神観念は、基礎的な相違はあるが相互作用をなし、島の祭祀の内容によってそれぞれ祈願の範囲が異なっている。

○神の世界と祖霊の世界

これまで散見した八重山の島々、とりわけ波照間島では「神の世界」と「祖霊の世界」をはっきり分けて考えている。

一般に八重山諸島の家屋は、風向きを考慮して南向きに建設されている。そのことから島の南北が一見して知れる。

波照間島の屋敷の周囲には珊瑚礁の石垣が積みめぐらされ、その内側に福木が防風林として植えられている。門を入ると、門と家屋との間にはナーフク（石の垣根）が設けられ、外部からの視線をさえぎる目隠しの機能をしており、また外部からの悪霊を防ぐ役割をも担っている。母屋の西方に別棟のトーラがあり、母屋の裏側には便所と豚小屋が設けられている。母屋の上方の一番座にはブザスケー（床の間）があり、神事や慶事が行われている。中の二番座にはトゥク（仏壇）があり、すべての仏事がそこで営まれている。下方の三番座は日常の生活の場であり、別棟のトーラは冠婚葬祭など大きな煮炊き場である。

日常の出入りは、ナーフクによって神道（かんぬみち）と祖霊の通る道にはっきり分けられている。もっとも、島ではナーフクのアーンタ（東側）は神の通る道、御嶽への通り道、イーンタ（西側）は祖霊の通り道、通常の出入り道として日常生活を家屋敷の構造によって空間的に区別している。供え物の納め場も違えており、神への供え物は門の東側へ、祖霊への供え物は門の西側へと区別して納めている。

盆送りや葬式の時は村の神道《かんみち》を避けて行く。島では三十三年忌をすませた位牌や古くなった仏具を焼く地所も定まっており、その地所から採れた芋の初は「火の神」に供えてはならないと禁忌している。外部落に住むあるツカサ（神女）は、仏事の供え物は夫にまかせ、つとめてそれに手をつけないように気をつけて来たという。

屋敷の四方には、それぞれに屋敷の守護神がおり、その中で最も尊い神は「子《ね》の方」の神で、屋敷の祈願もそこの神から先に行われている。

ところで、波照間島では通常は「巳の方」の神を崇べる風習がある。西表島以北の島々が「午《うま》の方」の神を崇べるのに対して、なぜか波照間島では「巳《み》の方」の神を崇べる。その方位は三〇度もずれ、八重山諸島の中でも特異な現象である。

そのことは、何を意味しているのであろうか。

波照間島では、通常は「巳の方」に足を向けて寝ることは禁忌とされている。その方位に足を向けると必然的に「北枕」となり、「逆水《さかみず》」を浴びさせ、ふだんは不吉としていやがられている。

島では死人が出ると「北枕」となり、仏前の畳を四隅合わせて敷換え遺体を西枕にして寝かせる。告別の時刻になると遺体を入棺し、二番座の仏前から一番座のブザスケー（床の間）に移す。この場合、棺を回転させ頭を「北枕」に足を南にして安置させる。告別式がすみ出棺の際は、足から先にガンダルゴー（龕）に入れられる。そして、冥土への門出は日によって進行の方位を違えている。もし葬式の日が、「申《さる》の日」であればナーフクの東側より出ると申の方位に向かうので、この日はナーフクの西側より出る。墓での納葬の際にも遺体を足の方から先に入れられる。

このことは、今日、石垣島を中心とする他の島々が頭の方から荼毘されるのに対して差異がある。もっとも、波照間島では死人は「起き上がる」という観念がある。遺体を足から先に墓に納葬された死人は現世の人々に背を向け、顔は先祖に対面することになる。

そのことからして、島の告別式での「北枕」の死人は起き上がり、南方の海の向こうの「常世の国」(黄泉の国)への出立となる。

○巳の方の常世郷

柳田國男は著書『海上の道』の「海神宮考」で「東方浄土観」について、次のように述べている。

南から北へか、北から南へかはまだ決し難いにしても、ともかくも多くの島の島人は移動して居る。日本は旧国の誉れが高かつたけらども、この葦原の中つ国への進出は、たつた二千六百余年の昔である。いわゆる常世郷の信仰の始まつたのは、そんな新しいことでは無いのだから、もしもさういつた現実のニライカナイを持たぬ、三十度以北に住んで後まで、なほ引続いて南方の人たちと同じに、日の出る方を本つ国、清い霊魂の行き通ふ国、セヂの豊かに盈ち溢れて、惜しみなくこれを人間に頒たうとする国と信じて居たとしたら、それこそは我々の先祖の大昔の海の旅を、跡づけ得られる大切な道しるべであつたと言つてよい。浦島子の物語をただ一つの例外として、古事記の常世郷への交通記事は、何れも太平洋の岩辺と結びついて居る。云々(18)

右に見るように、柳田國男は常世郷を「日の出る方を本つ国、清い霊魂の行き通ふ国、セヂの豊かに盈ち溢れて、惜しみなくこれを人間に頒たうとする国」であると言う。

ところで、「大波照間と申す南の島」へ集団脱島した波照間島・平田村の人々は、いったい何処へ行ったのだろうか、その村人がたどりついたとされる「南波照間島」は果たして存在するのだろうか。とにかく、南島の波照間島には、それかと思う島の影が遠く漂渺の間にちらついていたのである。清く澄んだ日に遥か「巳の方」の海上に、その島の形を見ることがあったと島人は信じていたらしい。

波照間島から南下すると先ず最初に見えるのが蘭嶼島である。この島は遠方の洋上から見るとそれが人間の頭部に見えるので、太陽に映えた島に因んで紅頭嶼とも呼んでいる。

「パイパティロー説話」の世界観を追い求めている筆者にとって蘭嶼島の実地見聞は欠くことのできないもので、一九八八年に蘭嶼島を訪ね紅頭村で日本語のわかる一老人から原住民(元々から住んでいた人)の神話や言葉を収集することができた。

島の神話によると、人類の発生は石から生まれたとのことであった。はじめに男が生まれ、その男の体の骨の一部から女が生まれた。二人が結婚し人類が栄えたが、近親結婚のために盲人が生まれたという。そのため島では四親等以内の結婚は極力さけているとのことであった。

蘭嶼島には、ヤミ族(雅美族)が住んでおり、台湾で唯一の海洋民族である。人口は四、七九七人で、島は五つの集落に分布している。

ヤミ族では古くから首狩りの習俗はなく、部落間の紛争は親族間の相互協調によって解決していると聞く。社会活動は主に父兄氏族と漁業組織によって管理されているとのことであった。

島の年間の宗教儀式は主に飛魚漁の活動に合わせて行われ、船は暮らしの道具で、新船の製造とその進水式を盛大に行い、飛魚を神聖なものとしている。

陸上部では小陰を作って涼を求め、わずかに甘蔗芋や粟を作り、水田には水芋を栽培し、収穫と同じ差し植える。紅頭村では黒豚や山羊を放し飼いにして、それぞれの豚や山羊の耳に耳判を切り入れ、その持ち主を判別している。山羊は岸壁の上でも放牧され、軽く岩を飛び越え群れをなしていた。牛馬を使っての農耕を行わず、馬は昔からいなかったと聞く。今日では牛も島から姿を消している。

言語は原住民語である。言語学者の村山七郎は波照間島方言のパトン（鳩）、ナン（名）、パン（歯）の語末の「ン」（N）に南島語の痕跡を求めている。即ち、日本語の鳩は「パトン」↓「パト」↓「ハト」と変化したものと考えている。

今日、蘭嶼島では、臼のことを「ウースン」と言い、臍のことを「プスン」と呼称している。このことは琉球語の八重山方言につながり、古代日本語の祖形（祖語）を想像せしめる。しかし、日本語の「目の黒い玉」を蘭嶼島では「黒い玉の目」と称し、その語法は全く違っており、与那国方言や波照間島方言と一線を画している。

このように、蘭嶼島の島人の言語、生活様式、生産技術の面からみると、一六四八年に波照間島の平田村から脱島した人々の子孫だとは考え難い。

飛魚漁に使う船

石垣に囲まれた蘭嶼島

南の海の彼方には、他にそれらしい島は見当たらない。もしも、その島があったとしたら、かえって取り扱いにこまるであろう。

そこで、波照間島の伝承にみるように、その島が地殻変動によって海底に沈んでしまった「巳の方」のスネ（暗礁）であると仮定するとどうなるであろうか。

そこは「巳の方」を崇べる波照間島の島人にとって、いわゆるニライ・カナイ、海の向こうの国、海の底の国ということになり、豊穣の国となる。そして、柳田國男が言う、「清い霊魂の行き通ふ国、セヂの豊かに盈ち溢れて、惜しみなくこれを人間に頒たうとする国」となり、それこそ我々の先祖の大昔の海の旅を、跡づける大切な道しるべとなるであろう。

波照間島には、最も神高い御嶽とされ、特定の祭祀以外は部落民の入域を固く禁じている「真徳利御嶽」（マートゥルーワー）がある。そこは人里から遠く離れたところにあり、森林に深くおおわれており、その中に「スー・イン」と呼ばれる自然の洞窟がある。その「スー・イン」は、島の南側の海岸から約三百メートルほど奥まった所にあり、その名が示すように「潮水の洞穴」である。島人によると、その洞穴か海岸の入り江で南の海へとつながり、その洞穴の水を舐めると祟りに遭うと言う。正に、島の聖地は海の向こうのニライ・カナイにつながっているのである。

波照間島の「ニライカナイ」に通じる真徳利御嶽「スー・イン」の中

むすびに

いわゆる、南島の人頭税の苛酷さを表出した「パイパティロー」説話は、明治以来、研究者だけでなく、人々の関心を集めている。

これまでの研究成果を参考にしながら、その説話の系譜について考えてみた。

日本最南端の波照間島の島人に、南にもう一つの島があるという幻想を抱かせることは不思議ではない。同様な話は与那国島にも残っている。比川部落の人たちが、人頭税のない南与那国をめざして脱島した話である。このように人頭税下の八重山の人々は、南に幻の島を夢見ていたのである。

もっとも「パイパティロー」説話は、史書『八重山島年来記』の順治五年（一六四八）の条に記された「八重山・波照間島で起きた島人の脱島事件」を説話化したものである。

この「パイパティロー」説話は、過去に惹起した歴史的事実により添って伝えられ、その時間的生命を獲得してきた。そして、その事実のできごとの傍証を得るべく記念品（事実追認の証拠品）として、一人の女（婦人）が島に残され、「ナビカキ・マス」の地名を語る由来譚に変容する。更に波照間島では派生した説話を生み、幻想の島「南波照間島」が所在不明の実体なき島に至った経緯を語る。

このように「パイパティロー説話」は、説話に関連する事実を確保、存在して、事実の信憑性を証明する具体化をはかっているのである。

以上、述べたように「パイパティロー説話」は、島の空間的な広がりと伝承社会の「ニライ・カナイ」

という楽土の思想や信仰によって、いかに民話が変容するかを現前に見せてくれる。そこに、この説話が幻想的である反面、現実性を帯びてくる由縁もあるのであろう。

【註】

(1) 福田晃「南島の民間説話の特質」(〔日本昔話大成 12巻〕角川書店・昭和五十四年〕)
(2) 球陽外巻『遺老説傳』(〔沖縄文化史料集成〕6 角川書店・昭和五三年〕)
(3) 「八重山島年来記」(尚質王元年)(〔沖縄県史料〕〈前近代一〉東洋文庫〕)
(4) 『岩崎卓爾一巻全集』(伝統と現代社・一九七四年)
(5) 「海南小記」(〔定本柳田國男集〕第一巻、筑摩書房・昭和四十六年〕)
(6) 谷川健一『埋もれた日本地図』(筑摩書房・一九七二年〕)
(7) 「琉球漫遊記」(〔『南嶋探験』〕二(附録)、東洋文庫・一九八三年〕)
(8) 宮良高弘『波照間島民俗誌』〈谷川健一編・叢書 わが沖縄 別巻〉(木耳社
(9) 日本の伝説二一『沖縄の伝説』(角川書店・昭和五十一年)
(10) 新川明『新南島風土記』(大和書房・一九七八年)
(11) 加屋本正一著『波照間島』
(12) 筆者が一九八九年八月 当地を採訪した折り、勝連文雄氏(大正六年生まれ)から聴取
(13) 牧野清『八重山の明和大津波』〈改訂増補〉(昭和五六年)所収
(14) 筆者が一九八八年三月 当地を採訪した折り、米盛善起翁(明治四十一年生まれ)から聴取

(15)『沖縄百科事典』下巻（沖縄タイムス社・一九八三年初版発行）
(16)平凡社『大百科事典』一二（一九九二年印刷）
(17)木崎甲子朗『海に沈んだ古流球』（沖縄タイムス社・一九八三年）
(18)「海上の道」（『定本柳田國男集』第一巻、筑摩書房・昭和四十六年）

第二章　与那国島比川村の「天人女房譚」
――銘苅口説を中心に――

はじめに

日本列島の最西端に位置する与那国島は、今なお伝説の島、郷愁の里と称されている。なかんずく、島の裏側に存する比川村（以下ムラと呼称する）は、白浜を前に蜜柑の香のする静かな小集落である。

さて、全国には昔話の一つに天人女房譚がある。琉球にも史籍と称される『球陽』や『琉球国由来記』あるいは『中山世鑑』などの史的文献にいくつかの「天人女房譚」が記録されている。

ここでは、比川村に伝承されている「銘苅口説」を中心に与那国島の比川村の「天人女房譚」を考察してみたい。

一、「口説」について

口説（クドゥチ）は、近世沖縄各地に流行した三味線歌の一形態で、七音五音の句をいくつにも繰り返し連ねていく詞型の歌謡である。歌詞はほとんど全く日本語の沖縄読みで七五型の連続より成っている。曲調は数節の歌詞を同じ曲譜で歌い「口説調」と称されている。その内容は元々教訓を含めた歌で、誰にでも歌いやすいものであったが、後に教訓を含まない流行歌もできるようになったという。

その代表作は薩摩旅を詠んだ「上り」「下り」の口説である。「上り口説」は宮廷の使者が薩摩へ上る道中を叙述したもので、これと対照的に薩摩から沖縄に下るさまを叙したのが「下り口説」である。

ところで、琉球列島の各地には種々の口説がある。沖縄本島には「孝行口説」「意見口説」「旅口説」「四季口説」などがあり、八重山諸島にも「黒島口説」「与那国口説」をはじめ島々村々の風物を詠んだ叙景ものの口説がある。

さて、ここで述べる与那国島比川村につたわる「銘苅口説」は文献にも見えず、その道の研究者にも知られていないようである。これは「銘苅主ぬ前」の口承説話を口説に歌いあげたものである。もっとも与那国島におけるこの説話は、うたうことが話すことであり、話すことがうたうという相関する関係を基盤にもっている。

小川学夫著『奄美民謡誌』によると、奄美諸島にもこれに類する口説が見える。[1]徳之島に伝わる「天んかあむろ口説」がそれである。同口説は島言葉でうたわれ、その内容は、次のとおりであるという。

てんから下りたあむろ（天女）が水浴みをしているところを男（めかる主）にみつけられ、天に飛んで帰る飛衣（とびがん）をかくされてしまう。天に帰れないので、仕方なく男と夫婦となり三人の子供を生む。ある時、子供が子守歌で、飛衣が倉に隠されているとうたうのを聞き、それを見つけて天に帰っていく。

『琉球民話集』全巻の「銘刈子（めかるしい）と天女」には、次のように記されている。

○銘刈子（めかるしい）**と天女**[2]

尚円王の時代（西暦一四七〇年～一四七七年）に、真和志間切、安謝村銘刈で、銘刈子が手足を洗っている時、フト常の人とも思はれない美しい女が、水浴びをしていた。天女に違いないと思つた、銘刈子は、眼もくらむばかりの美しい飛衣（トビンス）を倉の稲束の中にかくした。

　知らぬふりして女のそばに行くと、

「私は天女だが、飛衣を盗まれて帰るに、かえれず困つています」

と涙ながらに訴えた。

「私が、きつと探してあげましよう」

と自分の着物をきせて、家につれかえつた。

　そして月日が忽ち過ぎ、二人は夫婦の契（ちぎり）をして二男一女の子供まで生れた。ある日姉が弟の子守をしている時

　初親（ハツウヤ）の飛衣（トウビンス）　産親（ナシウヤ）の舞衣（マインス）や　稲束（イナタバ）の刈
籠の（カリカゴ）に　粟束（アワタバ）の結籠（ユイカゴ）に
六俣（ムツマタ）の倉上（クラウイ）にあん　八俣（ヤツマタ）の倉上にあん　泣（ナ）くなヨー泣くなヨー
ウミワラビー

　この子守歌を聞いた母親は、大変（たいへん）喜び、銘刈子の留守を幸に、時をうつさず、羽衣を取り出して、松の方を伝つて天に舞い上つた。

　別れを惜しんだ天女も、銘刈子と三人の子が泣きとめるのに、心をかきむしられ、幾度となく舞い下りようとしたが、折からの風に天に上つてしまつた。

息子は二人とも若死にしたが、女の子は、尚真王夫人、佐司笠按司加那志（サシカサアンヂガナシイ）となり、銘刈子は、王城に召されて高官に上つた。[2]

二、比川村における「天人女房譚」

○「子の方星」の話[3]

北の「七つ星」（小熊座）の一つに天女（女神）がいた。

ある日、その天女が下界の「千里島」の美しさに見惚れて「銘刈川」に下りて来られた。天女は飛衣（羽衣）を川の側の松の木にかけて顔を洗われた。そこへ、「銘刈主ぬ前」（銘刈子）が田畑を巡視して天女の飛衣を見つけそれを隠してしまった。天女は飛衣を盗られてしまいたいそう残念がった。銘刈主ぬ前は素知らぬふりして天女に近づき手をとり家につれ帰った。そこで、天女は「大和の煙草」を与えられ一吹で緊張がとれ、二吹で妻心になり、三吹で妻になった。

そして、月日が経ち二人には子供ができ五歳、七歳となった。その五歳の子は女で、七歳の子は男であった。ある日、上の七歳の子が、

あんま（母上）の飛衣北の米倉の下に

南の粟倉の下に隠されているあんま（母上）よ泣くな

と歌い出した。我が子の子守り歌を聞いた天女は、たいへん喜び主人の「銘刈主ぬ前」の留守を機会に、五歳になる女子を袖に入れ、七歳の男の子を懐に入れ飛び立つ決意をした。その時、天女は三人目を

身ごもっていた。天女の試みは、余りの重さにたえかねて失敗に終った。天女は、とうとう為す術もなく、袖の子を抱き下ろし、懐の子をも抱き下ろした。

そこで、天女は五歳の女の子をヌール（祝女）に、七歳の男の子をアディ（按司）にして、「シマヌ（島の）ソーマンニン（数万人）からティデレ・ムヌ（供え物）をティディラリヨ（受けなさいね）」と仰った。そして、「夏、六月に降る雨は母上の涙と思いそめてくれ」と仰せられて天上へ飛び立った。ひと羽うち振れば松の上（梢）、ふた羽うち振れば天半ばに、三羽で天に昇ってしまった。

島のティディビ（男性祭祀者）とツカー（女性祭祀者）は、ニヌファ・フシ（北極星）の天下りで「銘刈主ぬ前」との間にできた子である。今もなお、その子孫は継承されている。

それから、「子《ね》の星」（小熊座）の片側に小さく輝いている星は、天女が「銘刈主ぬ前」との間に身ごった三人目の子である。

天女が下界の美しさに見惚れて天降りをして水浴びをし、飛び立つ飛衣を「銘刈主ぬ前」に隠されて仕方なく夫婦となり子供を生む過程を語っている。また、天女が子守り歌を聞き、飛衣を探してわが子を残して飛び立つ別離の様子を語っている。

この説話は、前掲の「銘刈子（めかるしい）と天女」といくらか異なっている。

前掲の説話は、兄弟が「姉弟」であるのに対して、この説話では「兄妹」となっている。また、前掲の説話は、天女の昇天後、二人の息子が若死にし、女の子が尚真王夫人、佐司笠按司加那志（サシカサ　アンヂガナシイ）となり、銘刈子は、王城に召されて高官になる。この説話では、兄妹は「島のティディビ（男性祭祀者）とッカー（女性祭祀者）」となる。そして、天女の身ごもった三人目の子が、「子の星」（小熊座）の片側に小さく輝く星となるが、銘刈子の結末がない。

三、「銘刈口説」

与那国島比川村では、その説話を「銘刈口説」[4]として今に伝えている。

一　しまぬ　はじみや　せんりじま　　島の始めは千里島だ
　　かわぬ　はじみや　みかるーかわ　　川〔泉〕の始めは銘苅川〔泉〕だ
　　せんり　あがりぬ　あるかわや　　千里も東にある川だ
二　みかるーしゅぬまいや　らくなーまーり　　銘苅主ぬ前は安楽な生まれだ
　　はるみまい　くんーみぐてぃ　　田畑を巡視して
　　あんまが　とぅびきん　とぅいーかくし　　母上の飛衣を取り隠した
三　でぃちゃゆ　みやらび　わがーやどぅに　　さあ　乙女よ　わが宿へ
　　ティンダンむしるに　ひきとぅしゃん　　金襴筵へ引きとおした
　　やまとぅ　ふくむ　たばくん　　大和含む煙草を
　　きざみ　うるちゃんに　　刻み下ろして
四　たばく　ひとぅふき　ちむぐくる　　煙草　一吹きで肝ごころになり

五　たばく　ふたふき　とぅじぐくる
たばく　みーふきに　とぅじなとぅさ
いちち　なるくゎーん　なし　すだてぃ
ななち　なるくゎん　なし　すだてぃ

六　さてぃむ　さてぃ　さてぃ　なし　すだてぃ
にんばた　くみくら　しちゃうてぃ
あんまが　とぅびきん　とぅいかぐし
はいばた　あわぐら　とぅいかぐし

七　いちち　なる　くゎーや　すでぃに　くみ
ななち　なる　くゎーや　んにに　くみ
やぬゆー　みまぐとぅん　とぅばらぬよー

八　いちち　なる　くゎーん　だてぃ　うるし
ななち　なる　くゎーん　だてぃ　うるし
さてぃむ　さてぃ　さてぃ　だてぃうるし

九　いちち　なる　くゎーや　ぬるば　ない
ななち　なる　くゎーや　あーでぃば　ない
ちまぬ　すまんに　てぃでぃり　むぬ

一〇　なちぬ　あまぐり　ふるとぅきや

煙草　二吹きで妻ごころになり
煙草　三吹きで妻になってしまった
五歳になる子を生み育て
七歳になる子を生み育て
さてもさてさて生み育て
北の米倉の下に
母上の飛衣を取り隠してある
南の粟倉に取り隠してある
五歳になる子を袖に込め
七歳になる子を胸に込め
家の周りを巡ったが飛べないのだ
五歳になる子を抱き下ろし
七歳になる子も抱き下ろした
さてさて抱き下ろした
五歳になる子を祝女にして
七歳になる子を按司にして
島の衆万人に手擦り物を
夏の夕だち降る時は

一一　あんまが　なみだでぃ　うみすみてぃ　母上の涙だと思いそめよ
さてぃむ　さてぃさてぃ　うむいすみり　さてもさてさて思いそめよ
ひとぅはに　はにりば　まちぬ　すら　一羽はねると松の上
ふたはに　はにりば　てぃんながら　二羽はねると天半ばに
みーはに　はにりば　てぃんにとぅび　三羽はねると昇天した

〈通　解〉

1、島のはじめは「千里島」で、川（泉）のはじめは「銘刈川」である。その川は、千里も東にある川だ。
2、「銘刈主ぬ前」は安楽な生まれで田畑を巡視して天女に出合いその羽衣を取り隠してしまった。
3、さあ、女童（天女）よ、わが家に行こうと、金襴の筵に引きつれて大和煙草をきざみ与えた。
4、天女は煙草を吹かし、ひと吹きで緊張感がとれ、ふた吹きで妻心になり、三吹きで妻になって、「銘刈主ぬ前」と結ばれた。
5、二人には一男一女の子がうまれ、七歳、五歳とすこやかに成長した。その成長の見事さよ。
6、兄妹は、子守歌を歌い父親の隠した羽衣の在りかを明かしてしまう。「母上の飛衣は米倉、粟倉の下に隠されている」と。
7、天女は、わが子の子守歌で羽衣をさがしあて、五歳の子を袖に入れ、七歳の子を懐に入れ、家を巡り飛び立つが重さに耐えかねて失敗に終る。
8、天女は為す術もなく二人の子を抱き下ろしてしまった。さてさて、どうなるのか。

9、天女は、五歳の女の子を「ヌール」(祝女)に、七歳の子を「アーディ」(按司)に為し、島の数万人から拝されるように仰せられた。

10、天女は、「夏季の六月に降る雨は、母上のなみだだと思いそめてくれ」と再び仰せられた。さて、これより先はどうなることやら。

11、天女は、別れを惜しんで旅立った。ひと羽うち振れば松の上、ふた羽うち振れば天半ばに、三羽で昇天してしまった。

右に見るように比川村の「天人女房譚」は、次のモチーフから成り立っている。

①島のはじめ、川(泉)のはじめを語る。
②川(泉)で水浴びする天女の飛衣(羽衣)を男が見つけて隠す。
③隠し場所は、稲倉、粟倉の下である。
④天女は、煙草を与えられ妻となり子供が生まれる。
⑤天女は、子守歌によって飛衣の在りかを知る。
⑥天女は、飛衣を取り出し子供を連れて昇天を試みるが失敗に終る。
⑦天女は、女の子を祝女に、男の子を按司にして昇天する。

これらのモチーフの構成要素のうち、とりわけ重要と思われるのは、①③④⑦のモチーフである。

①の「島のはじめ、川のはじめ」のくだりは、天女が天下りするのに適切な場所であることを意味する。そこが琉球のどの位置を指すかは定かでないが、とにかく琉球列島の美を称賛したものである。ところで、比川村には神が天下りして、不食芋の葉で水を酌み一泊したと称される家がある。その家は「泊」と呼称され、今日なお継承されている。しかし、天女の天下りとは結びつかないようである。

③の飛衣（羽衣）の隠し場所が「稲倉、粟倉」に関することである。

倉塚曄子は「穂祭にのぞむ神女の説話的形象化が、稲束に飛衣を隠されて稲ならぬ人間の子を生む天女であったといえるのではないか。子守歌のモチーフも、子稲に人間の子をある期間育むことが天女の仕事であったことからうまれたものであろう」と述べている。

八重山諸島では人間の産室と稲積みの倉を同じく「シラ」と呼称している。

④「煙草を与えて妻にする」のくだりは、煙草のもたらす満足感、そして、その魅力は天女が心酔いさせるに十分な効果をもっている。そして、それが単なる煙草でなく「大和煙草」であることに興味があり、大和文化との交流を示唆している。

⑦の「女の子を祝女に、男の子を按司にする」くだりは、琉球における「銘苅子と天女」の民話と似通っている。

そこで〈祝女〉と〈按司〉について考える。

〈祝女〉ヌル〔nu:ru〕

沖縄本島区域で公儀の祭祀を司るために村々におかれている女の神職をいう。宮古諸島や八重山諸島にノロはおかれていなかった。

〈按司〉アジ〔anzi〕

文語ではアンジ。一ヶ間切を所領する按司地頭で、領地名をかぶせて「某按司」と称する。王子位を賜わると「某按司」と称する。通常その人も邸も共に「某御殿」と呼ぶ。子からは「按司《アジー》」、下級の者からは「御前《ウメー》」と呼ばれる。⑤（『沖縄文化史辞典』より）

ところで、与那国島には十二ヶ所の御嶽があり、その総本山を「十山御嶽」、俗にトゥヤマと称している。各御嶽には専属のスパカ（側司）がおり、総本山の「十山御嶽」にはウブカ（大司）がいて側司を支配している。また、各御嶽には氏子から選ばれた「ティディビ」と称する男の世話役がいる。「ティディビ」は「ティジィリィ」の別称で、『八重山語彙』によると、「神主、チィカサ（司）の異名、手擦り即ち祈禱者の義」〈石垣、黒島〉であるという。⑥

与那国島の「天人女房譚」では男女双方の行く末が語られ、男は按司、女は祝女となる。すなわち、オナリ神信仰における兄弟の宗教的権利を継承していく起源伝承であるといえる。その支配の由来は、母である天女に帰せられている。そして、このことは琉球における「按司」、「祝女」の職掌起源をも語っている。

四、天女の系譜

倉塚曄子は、著書『巫女の文化』で、本土の「天人女房譚」に対比して琉球の「天人女房譚」の特質[7]を、次のように指摘している。

「琉球と本土の天人女房譚の違いで特に重要なのは、天女の子についての語り方である。本土の場合昔話でも文献における子孫存続型の話でも、語られる子は皆男子である。そして昔話では子の父はいずれも身分ある者で、天女はその男の系譜を神秘的に飾るために利用されているにすぎない。ところが琉球の場合はいずれもおもむきが違う」。[7]

このことは、比川村における「天人女房譚」においても同様に指摘することができる。右の諸例で見るように、それぞれ子の行末が語られている。その他、玉城朝薫の組踊『銘刈子』では、銘刈子が首里の役人に取りたてられたところで終っているが、『中山世譜』では、天女の子どものうち、弟が後に中山王(一三七九年)になったと記されている。いずれにしても、琉球の羽衣伝説では、天女の子どもが後に貴顕の地位についたことになっている。

そのことについて、池宮正治は著書『琉球文学論』で、次のように述べている。

衆知のように銘刈子の背景をなす伝説は、察度王の非凡な出自を語るものとして『中山世鑑』（一六五〇年）に伝えられている。それは察度王の父奥間大親と天女との物語として伝えられており、例えば細部の、姉娘が弟（後の察度王）を子もりしながら「母親ノ飛衣ハ六足蔵ノ上、母親ノ舞衣ハ蔵ノ上」と歌って羽衣のありかを明かすあたりは、組踊で「わが按司の飛御衣、わが按司の舞御衣、六ッ俣の蔵に、八ッ俣の内に」と表現され、本来両者がきわめて近接した物語であることを示している。これを朝薫は銘刈子という人物に置きかえたばかりか、遙か昔の察度王にまつわる話を首里王府の現実における出来事とし、残された一家を王府の体制に吸収したのである。(8)

ところで、与那国島では「按司・祝女」は、それぞれを「ティディビ」（男性祭祀者）、「ツカー」（女性祭祀者）と呼称されて島の祭祀を行っている。

なかでも毎年旧暦十一月から正月にかけて行われる「久部良まつり」には、「十山」の「ツカー」や「ティディビ」を中心に四つ足殺生を禁じて悪霊の島への上陸を防ぎ島人の健康と豊作祈願が行われている。この祭りは、与那国を代表する祭として有名である。

むすびに

与那国島比川村における「天人女房譚」は、単に語られるだけでなく「口説」によって歌われるところに特色がある。もっとも、この説話は、歌われることによって話され、話すことによって歌われるという相関関係を基盤にもっている。そして、沖縄本島の「銘刈子」と何らかのつながりを持っている。先にも触れたが、奄美諸島の徳之島にもこれに類する「天んかあむる口説」が見える。いったい如何なる人が広めたのか興味あるところである。村芝居による伝播も考えられるがその真偽のほどは明らかでない。

内容的に見ると、「按司」「祝女」の職掌起源を語る口承説話であるといえる。このことは、琉球文化圏におけるオナリ神信仰をも語っているということができよう。

ここに考えの一端を述べ、大方の批判をあおぐことにした次第である。

本稿を書くに当たって、被調査者の前竹オキヨ姥、泊祖良翁の両氏に末筆ながら感謝の意を表する。

天人女房譚を話す
前竹オキヨ姥

【註】

（1）小川学夫著『奄美民謡誌』（一九七九年）所収
（2）『琉球民話集』全巻（一九六九年）所収
（3）「子の方星」の話 与那国比川村で聴取。
（4）「銘刈る口説」与那国比川村で聴取。
（5）『沖縄文化史辞典』東京堂出版）所収

（6）宮良當壮著『八重山語彙』（昭和五年）所収
（7）倉塚曄子著『巫女の文化』平凡社選書60　所収
（8）池宮正治著『琉球文学論』（一九七六年）所収

第三章　宮古の英雄・金志川金盛は、八重山に生きる

はじめに

八重山諸島の新城島は、二つの小島（上地島、下地島）からなり、アカムタの島、「パナリ焼き」と称されている。新城島は慶長検地（薩摩藩によって一六〇九年～一一年に行われた琉球諸島の検地）で調整された「宮古・八重山両絵図帳」では、古見間切の黒島に属し、上離《かみばなり》、下離《しもばなり》と記されている。

その新城島上地の集落内に異様な石積みの墓があり、三本の与那国クバ（蒲葵）が生えていた。島の人々は、その墓を「いんちヰきゃぬかなむるパカ」と称している。

新城島の上地・下地では、その墓の由来を詠んだ「いんちヰきゃぬかなむる」（ジラパ）を年中祭祀の「節祭」でうたい、今に伝えている。また、隣接する黒島でも「インシガーヌ金盛ユンタ」が喜舎場永珣の『八重山古謡』で採録されている。

石垣島の白保村でも同様な「インキャラヌ・カナブジ」（祭式歌）があり、豊年祭でうたわれる。しかし、その歌の由来を知る人はなく、村のある古老は、「漁に秀でたカナ叔父の歌」と解している。ところで、喜舎場永珣の『八重山民謡誌』や『八重山古謡』には、民話と結びついた歌謡が数多く採録されており、そして、その歌謡の発生とその由来譚が記されている。

そこで、ここでは一六世紀はじめに実際に惹起した歴史上の宮古の英雄・金志川金盛の由来譚を、宮古島の城辺、多良間島に伝わる民話や八重山の歌謡・民話などを通して考察してみたい。

一、金志川金盛とその時代に生きた宮古の英雄

『沖縄百科事典』から金志川金盛とその時代に生きた英雄を拾ってみる。

その一、仲宗根豊見親玄雅[1]（なかそねトゥユミヤげんが）

生没年未詳。宮古の主長、忠導氏家譜によると、天順年間（一四五七〜六四）の生まれで、嘉靖の初めごろ（一六世紀初期）に卒するとある。童名は空広。目黒盛豊見親の玄孫（やしゃご）にあたり、〈真誉（マユ）の子〉の長男であるが、叔父の根間の大親が早死にして子がなかったため、その養子となる。幼少のころより才能非凡といわれ、宮古史上の英雄となる。主長となった豊見親は平良・城・下地の各地へ行き勢力家と協議し、最初の事業として飲料水確保のための井戸掘り工事に着手した。史書のあげる豊見親の第一の大きな功績は、尚真王代の一五〇〇年、八重山島大浜村のオヤケ・アカハチが首里王府の命にそむいたとして、三〇〇〇人の征討軍が派遣されたとき、彼もまた中山軍先鋒として宮古勢を率いてこれに参加し、アカハチを倒したことである（以下略）。〈砂川幸夫〉

その二、金志川豊見親[2]（きんすかートゥユミヤ）

生没年未詳。一六世紀初期の宮古島東部の豪族。童名（わらびなー）は那喜太知（なぎたつ）。仲宗根豊見親玄雅（げんが）の庶子ともいわれ、兄金志川金盛（かなむり）豊見親とともに〈与那国攻入り〉にも

従軍した。一五一三年（尚真三七）中山（ちゅうざん）で『大般若経』六〇〇巻を求めて帰った。仁心深く庶民に敬仰される治世をしたといわれるが、仲屋金盛豊見親に討たれて没した。居館は金志川城といわれ、その跡は城辺（ぐすくべ）町友利（ともり）にある。仲立氏（なかだて）（幸姓）の祖ともいわれる。〈砂川明芳〉

その三、鬼虎[3]（おにとら）

生没年未詳。一六世紀のはじめ、八重山の与那国島で豪勇を誇り、あえて王化に従わず、そのため命を受けた宮古島の酋長・仲宗根豊見親（トゥユミヤ）によって誅伐（ちゅうばつ）されたとされる人物。宮古島狩俣（かりまた）の生まれで、その非凡なようすを見た与那国の島人が米一斗で買い取って育てたという。体躯（たいく）、勇力ともに衆にすぐれ、島の天険によって反旗をひるがえしたが、のち征討軍によって討たれた。一五二二年（尚真四六）のこととされているが、むしろオヤケ・アカアハチの乱（一五〇〇）の余波とみる向きが強い。〈崎山直〉

その四、与那国攻入り[4]（よなぐにせめいり）

一六世紀の初め、宮古の仲宗根豊見親玄雅はその配下一二〇余人とともに与那国島に攻め入り、島の酋長・鬼虎（おにとら）を討ち滅ぼした。一五〇〇年（尚真二四）の石垣島オヤケ・アカハチ征討に続く事件で、鬼虎の討伐は尚真王に献上してあった宝剣治金丸（ちがねまる）を借りておこなわれたという。アフガマら美人ノロ四人をまず上陸させ、鬼虎を酒に酔わせたのち攻め入ったといわれる。鬼虎を討ち取ると、玄雅はほかの捕虜といっしょに鬼虎の娘を捕えて宮古島へ凱旋（がいせん）した。そのようすや、鬼虎の娘のアヤグなどは「擁正（ようせい）旧記」（宮古島旧記）にみえる。征討は与那国の女傑の要請によるという説もある。〈砂川明芳〉

右に見るように、一六世紀の初めは宮古、八重山とも群雄割拠の時代であり、一五〇〇年のオヤケ赤蜂叛乱事件鎮定の後、宮古軍は仲宗根豊見親玄雅を将として与那国を討ち攻めている。その「与那国攻入り」を『与那国島誌』は「宮古軍は与那国島に侵入し、家を焼き、島民に対する殺戮をほしいままにしたが、結局当時の女酋長サンアイ・イソバによって撃退された」と記している。宮古の『忠導氏家譜』にも「津口にはいることができず空しく帰った」と記されている。

この後、宮古軍は再び与那国の鬼虎征伐をおこなっている。その様子を宮古の「（仲宗根豊見親）八重山入りの時あやこ」は、次のように表現している。

（仲宗根豊見親）八重山入りの時あやこ[5]

1　空広か豊見親の　あやことそ　　　空広の豊見親のアヤゴをしよう
2　おきなから　美御前から美御声　　　沖縄から国王からのお声で
3　空広よ　宮古となめてやまれは　　　空広よ宮古を鎮めて居られるので
4　豊見親よ　嶋となめてやまれは　　　豊見親よ嶋を鎮めて居られるので
5　我宮古む　大宮古む　さかやん　　　わが宮古も大宮古も栄えん

6 大八重山の　下八重山の人よ
7 返せ見ま　戻せ見まてりいは
8 返されの　戻されのねた（さ）から
9 十百その　十百さの中から
10 手まさりやは　手となめやは撰
11 大平良　大むかねからやた
12 中屋かね兄の金盛とよ
13 堀川里　こむり里ならとよ
14 上ひ屋里　東里ならとよ
15 大川盛　与那覇むゝたらとよ
16 崎原の　西崎のかあらもや
17 すみや大つゝの　主つかさと
18 あれや生り　ほこりとの大ほちと
19 金志川の　豊見親金盛とよ
20 城なき　弟なきたつとよ
21 砂川あほかめ　つゝのぬしとよ
22 下地生れ　もてやにきやもらとよ
23 川根のまんいりの　まんきやりとよ

大八重山の下八重山の人を
返してみろ戻してみろと言えば
返されの戻されのできない残念さから
十百（千）人の十百人の中から
手練れを手練れを選んで
大平良大御宗根（部落）からは
仲屋の兄なる金盛（人名）と
掘川里小堀里のナラ（人名）と
上比屋里東里のナラと
大川盛与那覇ムムタラ（人名）と
崎原の西崎のカアラモヤ（人名）と
住屋大頂の主司（人名）と
アヤレ生まれの保久利殿大祖父（人名）と
金志川の豊見親金盛（人名）と
城辺り弟那喜太智（人名）と
砂川アフガマ頂の主（人名）と
下地生まれのモテヤニキヤ盛（人名）
川根のマンイリのマンキヤリ（人名）

24 来間生り　わりみやのとのとよ
25 野崎生れ　赤宇立親とよ
26 伊良部生れ　国仲のままらとよ
27 よかい生れ　ひ屋ちのおまのことよ
28 神まさりや　いはんとのおもとよ
29 池間生れ　上ましのけさとよ
30 はなれ生れ　尻の座のすんとよ
31 磯はなの　はけ嶺のまんきやと
32 かりまたの　みなこ地ざもりやと
33 かね屋大つゝの　主つかさと
34 大神生り　豊見かねせとらと
35 土原の　内原のおそろと
36 いくさはな　ほあらはなよ　いらへ
37 大八重山ん　下八重山ん　へやれいけは
38 いくさみやを　ほあらみやを、すせはと
39 あきず舞　はへら舞を　さをとれ
40 前手んな　百さるき　たうすは
41 尻手んな　百かなき　たうすは

来間生まれワリミヤの殿（人名）と
野崎生まれ赤宇立親（人名）と
伊良部生れの国仲のママラ（人名）と
良き生まれ比屋地のオマノコ（人名）
神勝りの伊安登之於母婦（人名）と
池間生まれの上増ケサ（人名）と
離れ（池間の別名）生まれ尻の座のセン（人名）と
磯端の禿嶺（狩俣の地名）のマンキヤ（人名）と
狩俣の皆粉地のザモリヤ（人名）と
兼屋大頂の主司（人名）と
大神生まれ豊見金セトラ（人名）と
土原の内原のオゾロ（人名）と
戦端穂新端を選んで
大八重山に下八重山に走り行けば
戦庭を穂新庭（戦さ）をしたら
蜻蛉の舞を胡蝶の舞をして
前手（先鋒）で百突きに突き倒せば
尻手（後方）で百薙ぎに薙ぎ倒せば

42 与那国の　嶋方ん　へありけいは　　与那国の嶋の方に走り行けば
43 与那国の　いきはての　鬼とら　　与那国の行き果ての鬼虎は
44 いき向ひ　へひ向ひ　立とれ　　行き向かい立ち向かい立ち向かって
45 空広か　足なけいみやはて　　空広が足を投げ出して
46 豊見親の　ひさなけいみやはて　　豊見親が足を投げ出して（構えると）
47 返す見と　戻す見と　豊まめ　　返して見ろ戻して見ろ豊見親め
48 あんやらは　おわやらは　鬼とら　　そうならばこうならば鬼虎
49 我刀治金丸　請見り　　我が刀治金丸を受けて見ろ
50 声掛けは　言うとのいは　にふさせ　　声掛けは言葉掛けは遅しと
51 鬼とらを　芋ふきたけ　たうすわ　　鬼虎を大木のように倒すと
52 おん　つよく　嶋鎮　豊たれ　　武運強く島は鎮まり鳴響んだ

仲宗根豊見親玄雅が琉球国王の命によって与那国の鬼虎を討つ戦場を叙事的に表現したアヤグである。この「八重山入りの時のアヤコ」は三段からできている。一段の1から10までは中山王の命によって宮古の各間切の精鋭を選んで与那国討伐に出かけること、二段の11から36までは与那国討伐に出かけた宮古軍の参加者を列挙している。そして、三段の37からは与那国での戦いの状況を、殊に空広と鬼虎の格闘した場面が面白く表現されている。

そこで、与那国討伐に出かけた友利の英雄「金志川金盛」について、宮古や八重山に伝わる民話を手がかりに考察を試みる。

二、民話に見る金志川（キンスカー）豊見親

右で見たように金志川豊見親には二人の兄弟があり、弟の金志川豊見親（童名は那喜太知）は仲屋金盛豊見親に討たれて宮古で没している。その居館は城辺の友利にあり、金志川城といわれている。したがって、以下の金志川豊見親は兄の金志川金盛とみる。

その1、金志川豊見親と仲宗根豊見親(6)　　**上里　武光（明治四十二年十月生）談**

昔、野原嶺（ヌバリンミ）の霊石（タマイス）には、碁盤の目が画かれていたといいます。宮古の豊見親たちは、その霊石に集まり碁会を開いたそうです。

ある日、仲宗根豊見親は、野原嶺の霊石の碁会に友利村の金志川豊見親を招待しました。金志川豊見親は、野原嶺の碁会に行く途中、砂川村の叔父をたずね、「平良の仲宗根豊見親から碁会への招待があったので、これから行くところだ」といいました。すると、叔父は、

「そのような豊見親の集まりは、戦いになるということを知らないのか。君は何か武器を持っているのか」

と聞きました。金志川豊見親は、

「何も持っていない」

と答えました。すると、叔父は、

「プリムヌ（馬鹿者）！　豊見親どうしの碁会は命を賭けた戦いだぞ。私の網の修理用の小刀を持って行け」としかりつけ、使っていた小刀を渡しました。碁会の真意を知った金志川豊見親は、

「ンガナ（わかった）」

と、叔父から小刀をもらって、野原嶺の碁会に出かけました。野原嶺に着いた金志川豊見親は、謀略にやられるまえに、自ら戦いを仕掛けました。金志川は飛ぶ鳥のようにすばしっこい人でした。足の指に小刀をはさむと、山に登りながら百人、降りながら百人というように、首を切り落としました。殺された人々の血が川のように流れてたまった所が、ツズク（血底）といって今に伝わっています。

　金志川豊見親は、敵を全滅させると家に帰りました。一方、体の小さく賢い仲宗根豊見親は、死骸の下にかくれて生き残り、金志川の後をつけて行きました。金志川は途中、乳母（うば）である砂川村のオーガマ・クイガマの家に立ち寄りました。金志川が戦いからの帰りであることを知ったオーガマ・クイガマは、

「そうですか。それならこの酒を飲みなさい」

といって、カメの酒を差し出しました。仲宗根豊見親はオーガマ・クイガマと示し合わせたのか、金志川がそのカメの酒を飲んでいると、後ろから金志川の片腕を切り落としました。金志川豊見親は、片腕を切り落とされたことを悔やんで、

「片腕の豊見親はみっともない。もう一方の手も切り落としてくれ」

と仲宗根豊見親に頼みました。両腕を切り落とされた金志川豊見親は、風になって八重山に飛んでいった、という話です。そのため、金志川豊見親の子孫はいないといわれています。〈平良勝保〉

その民話のモチーフは

①昔、野原嶺の霊石で豊見親たちの碁会が催される
②ある日、仲宗根豊見親の碁会に友利村の金志川豊見親が招待されて出かける
③野原嶺の碁会に行く途中で叔父から小刀を持って行くようにいわれ持って行く
④金志川豊見親は、自ら戦いを仕掛け持ってきた小刀で上下に百人づつ切り落とす
⑤殺された人々の血が川のように流れてたまった所に、ツズク（血底）ができる
⑥金志川豊見親は、敵を全滅させて家に帰り、途中、乳母である砂川村のオーガマ・クイガマの家に立ち寄る
⑦一方、体の小さく賢い仲宗根豊見親は、死骸の下にかくれて生き残り、後をつけて行き、金志川豊見親の片腕を切り落とす
⑧金志川豊見親は片腕を切り落されたことを悔み、「もう一方の手も切り落としてくれ」と仲宗根豊見親に頼み、両腕を切り落とされる
⑨両腕を切り落とされた金志川豊見親は、風になって八重山に飛んで行く
⑩そのため、金志川豊見親の子孫はいないといわれている

この民話のモチーフで興味をそそるのは、⑨の「両腕を切り落とされた金志川豊見親は、風になって八重山に飛んで行く」のくだりで、八重山の新城島の伝説へとつながる。

その2、金志川豊見親と仲宗根豊見親(7)　池田　カメ（明治二十九年七月八日生）離

昔、金志川豊見親という人が友利にいました。

ある日、豊見親たちは、野原岳のフタナカという所で戦をすることになりました。金志川豊見親は、途中、砂川の叔父を訪ねました。野原岳で戦があることを聞いた叔父は、

「君はどんな武器を持ってきたか」

「何も持っていないよ」

と金志川が返事をすると、叔父は、

「豊見親が戦に行くのに、武器を持たないとは何事か、殺されに行くようなものだぞ」と言って、網の修理に使っていた小刀を金志川に渡しました。

野原岳で戦った金志川は、その小刀で多くの豊見親を殺しました。しかし、仲宗根豊見親は背丈が小さかったので、豊見親たちの流した血の海に隠れていました。

金志川豊見親の乳母(うば)であるオーガマ・クイガマは、仲宗根豊見親の妾でもありました。オーガマ・クイガマは、戦をすませた金志川に神酒（みき）を飲ませました。そのすきを見計っていた仲宗根豊見親は、血の海から飛び出すと、金志川豊見親の首をはねました。切り落とされた金志川の首は多良間島まで飛んで行きました。多良間島に落ちた金志川の首は、あたりをギョロギョロと見回していました。

それを見た多良間島の人たちは、

「これはただ者ではないぞ」

と口々に言いあい、その首を丁重に葬りました。

多良間島の人たちの行為は、後になって称賛されました。そして、人々は皆士族にとりたてられ、上納を免ぜられた、という話です。

その民話のモチーフは
①昔、金志川豊見親という人が友利にいた
②ある日、野原岳のフタナカという所で豊見親たちが戦をすることになる
③金志川豊見親は、途中、砂川の叔父を訪ね、網の修理に使っていた小刀を渡される
④野原岳で戦った金志川は、その小刀で多くの豊見親を殺す。しかし、仲宗根豊見親は背丈が小さかったので、豊見親たちの流した血の海に隠れて生き残る
⑤金志川豊見親の乳母であるオーガマ・クイガマ（仲宗根豊見親の妾）が、戦いをすませた金志川に神酒を飲ませる
⑥そのすきを見計って仲宗根豊見親は、血の海から飛び出すと金志川の首をはねる
⑦切り落とされた金志川の首は多良間島まで飛んで行き丁重に葬られる
⑧その多良間島の人たちの行為は、後になって称賛され、人々は皆士族にとりたてられ、上納を免ぜられる

民話のモチーフの構成要素のうちで、とりわけ重要と思われるのは、⑦の「切り落とされた金志川の首は多良間島まで飛んで行き丁重に葬られる」くだりである。

そのことは、次の多良間島の民話へとつながる。多良間島には与那国征討の余波として、金志川金盛豊

見親の死にまつわる、次のような伝えがある。

その3、金志川金盛豊見親の死(8)

金志川金盛は城辺の名家の出で、武勇にすぐれ、将来を大きく期待されていた。しかし、仲宗根豊見親はそういう金盛を心深くねたんでいた。豊見親は与那国征伐の帰途、船の中で金盛を殺そうとはかったが、成功しなかったので、わざわざ船を多良間島に寄港させ、金盛殺害を土原豊見親にたのんで、二人を船から下ろして帰った。

土原豊見親は当時、内原（現在の多良間神社の北方）という屋敷に住んでいた。その住居に金盛を招待して酒をすすめた。そしていきなり金盛の首を切り落としたのである。しかし金盛の頭はとび上がって土原豊見親の頭上に浮き、豊見親を睨んで一喝したので、さすがの豊見親もその形相にはふるえあがった。豊見親は後ずさりしながら「私の本意ではない。仲宗根豊見親にたのまれた事だ。死骸は航海の神として、上、下船のたびに祭祀を行なうからゆるしてくれ」とわびた。と、ようやく金盛は眼をとじ、頭がころりと座敷に落ちたという。

金志川金盛の守姉は美女あふがまで、土原豊見親は、その殺害のとき彼女の知恵をかりたという伝えもある。

土原豊見親はその後、内原屋敷から住居を土原屋敷に移したが、金盛をまつった祠は、今も内原屋敷の東隅に残っている。

その民話のモチーフは

①金志川金盛は城辺の名家の出で、武勇にすぐれ、将来を大きく期待されていた

②仲宗根豊見親は金盛を心深くねたみ与那国征伐の帰途、船の中で金盛を殺そうとはかったが、成功しなかった

③わざわざ船を多良間島に寄港させ、金盛殺害を土原豊見親にたのみ、二人を船から下ろして宮古に帰る

④土原豊見親は自分の住居に金盛を招待して酒をすすめ、そして、いきなり金盛の首を切り落とす

⑤金盛の頭はとび上がって土原豊見親の頭上に浮き、豊見親を睨んで一喝する

⑥土原豊見親は「私の本意ではない。仲宗根豊見親にたのまれたことで、死骸は航海の神として、上、下船のたびに祭祀を行なう」とわびる

⑦そのことを聞いて、金盛は眼をとじ、頭がころりと座敷に落ちる

⑧金志川金盛の守姉は「美女あふがま」で、土原豊見親は、その殺害のとき彼女の知恵をかりる

⑨金盛を祀った祠は、今も内原屋敷の東隅に残されている

この民話のモチーフで重要なのは、⑨の「金盛を祀った祠は、今も内原屋敷の東隅に残されている」というくだりである。そこを多良間島では「ウツバルウガム」と称している。

確かに、多良間島の内原屋敷と称される東隅には金志川金盛を祀った祠があり、信仰の跡が見える。しかし、金志川金盛の遺体を葬った墓とは考えがたい。近くには土原豊見親の墓があり、その墓は一五〇〇年前後のミャーカ形式で構築されている。

その金志川金盛を祀った祠の入り口には、次の文言の標識が立てられている。

1　種別　史跡
2　名称　ウツバルウガム
3　所在地　多良間村字仲筋四八一、四八二番地
4　所有者　仲松春規
5　指定の範囲　字仲筋四八一番地の一部
　　　　　　　字仲筋四八二番地の一部

金志川金盛豊見親は、一五世紀末期に城辺（友利）に生まれ、幼いころから怪童の噂が高く、武勇にすぐれ、一五〇〇年の赤蜂征討や一五二二年の与那国の鬼虎征討にも従軍して手柄をたてている。鬼虎征討を組踊りとしてつくられたものが、「忠臣仲宗根玄雅公」（豊見親組）であり、そのなかで与那国征討に参加することを拒んでいたオーガマ・クイガマを参加するように諭すのも金志川金盛豊見親である。豊見親勢は凱旋して帰途についたが、金志川金盛豊見親は多良間島に下船することになり、この地で命をおとすことになった。

その遺体をここ内原屋敷の東方に葬り、祠をたてて供養するようになっている。ここがウツバルウガムである。

尚、この地域で許可なく現状を変更することは村条例で禁じられております。

平成十年十一月二十一日　多良間村教育委員会

ところで、金志川金盛に関する民話は、宮古諸島の城辺や多良間島にとどまらず、八重山諸島の黒島や新城島へと連なり、八重山古謡の「ユンタ」や「ジラパ」にも詠まれて今日に至っている。

インシガーヌ金盛ユンタ[9]（黒島）

1	インシガーヌ	金志川豊見親
	ヨーホーユバナオレ（囃）	囃子
	金盛	金盛は
	ウイムイヌ	ウイムイの
	マイフナー	偉人であった
2	朝（シイトゥムディ）ニ	早朝に
	ウキティ	起床して
	アサパナニ	朝まだきに
	スリティ	床をはなれて
3	フシィムチク	櫛を持ってきなさい
	ヤラビ	童児よ
	水ムチク	水を持ってきなさい
	イビサ	幼童よ

4

身ナディ
シティカラヤ
手シィミ
シティカラヤ

5

島（シィマ）バタメ
ミラディ
国（フン）バタメ
イカディ

6

バガ宮古
島ヤ
四十原（ユスハラ）
フンヤ

7

バガ八重山
島ヤ
二十原（ハタハラ）ヌ
国ヤ

8

ムヌイネナ
ウダスウヌ

身なりを
してから
手を洗って
衣裳を着けたあと
これから島を統治して
みなければならない
国を治めて
いかねばならない
我が宮古の
島は
十カ村もある
国である
我が八重山の
島は
二十カ村の
国である
問題のおこらない平和な
仙境であった

事イネナ
アダスウヌ

事件もない
理想郷であった

9

与那国ヌ
島ヤ
一本ヌ
国ヤ

与那国の
島は
大海の孤島の
国である

10

ムドゥサレユ
ヤリバ
カイサレユ
ケリバ

アカハチ征伐後に与那国征伐に
行ったが地勢の天険に阻まれ
征討は失敗して
帰郷したが

11

カイサレヤ
イカヌ
ウブ宮古ヌ
島イキ

敗北してかえることは
無念である
大宮古の
島に行き

12

四十村ヌ
国イキ
ブザサスニ
ウンヌケ

四十カ村の
宮古本島に帰って行き
島の長老や幹部に
報告し

13
チィムルシユニ
シィサリバ
アンヤルカ
金盛

14
クリヤルカ
マイフナ
バガフタリ
イクカ

15
ユルシ
ユルサニバ
カイシ
カイサニ

16
アラパナヌ
船シィキ
マ始ミヌ
旅下リ

17
東崎ヤ
船シキ

島の主長に
報告したが
そうであったなら
金盛豊見親よ
天険に阻止されたのであれば
君は偉い
私と二人で
与那国行こうか
ゆるし
許さず
かえし
帰らず平定しよう
最初の
船着き場や
真初めの
上陸地は
東崎が
碇泊地で

島崎ニ
旅下リ
18 村フクルニ
走リヌリ
島フクルニ
飛ビヤヌリ
19 アラパナヌ
イカイヤ
マハジミヌ
トゥヤイヤ
20 ウヤクシディ
クリバヨ
マカラスッティ
ヤリバヨ
21 ウヤクシン
ナラヌ
マガラシン
イカヌ

島崎が
上陸地である
それから村の中心部に
走って行き
島の中心部に
飛んで行って
最初の
出合は
真始めの
挨拶には
親戚の交わりをすべく
来島したと
近親（間柄）の交際をしようと
訪れたわけであると言おう
ところが親交になるのも
断わられ
近親の付合いも
お断りするとのことである

22
ミシミシトゥ
ムドゥサレ
ナクナクトゥ
カイサレ

23
ユヌ道ニ
戻リキ
ユヌピヤフミ
カイリキ

24
東崎
カイリキ
島崎ニ
飛ビキ

25
芭蕉船バ
造リヨ
虫ヌ船
パイバシ

26
トゥウルミバ
チィキヤ

みすみすと
戻され
泣きながらに
帰された
歩いてきた道を
戻っていき
同じ道を踏みつつ
帰ってきた
与那国東方の東崎まで
帰るように見せかけ
島崎の隠れ場まで
急ぎ飛ぶように行って
芭蕉筏船を
急ぎ造って
虫送り行事の筏船をば
急ぎ造船して
松明を積んで
火を点じ

炬火バ
チィケー
27 走ラシンナ
走ラシ
行カシィンナ
イカシ
28 子ヌ時ヌ
イクダラ
丑ヌ時ヌ
ナルダラ
29 金盛ヌ
タクマヌ
マイフナーヌ
シイカタヌ
30 ナラ刀（カタナ）
取リムチ
ヌイミザシ
手ズクミ

炬火をば
火を点じて
帰島するように
見せかけ
出帆したように
見せかけて騙まし
午前一時の刻が
きたので
午前一時から三時ころに
なったので
金盛の
陰謀によって
偉い金志川の
計略で敵を騙まし
自分の刀剣を
抜き持ち
抜身ザシ（鞘払った刀剣）を
手に握って

31
村フクル
走リヌリ
島フクル
飛ビヤイキ

32
家ヌミ毎（ガジィ）
マアリ
キブルユシ
歩ルキ

33
芭蕉本ニ
ナイバシ
ジブタ竹ニ
切リバシ

34
ナイトナミ
パリバ
切シトナミイキバ

35
バン二十歳
女童ヌ
クリ二十歳

村の中心部に
走っていき
島の心臓部に
飛んでいき
家毎を巡り
寝首を取り
各戸毎を
歩き巡って
芭蕉株を
薙ぎ倒すように
筍子の伸びているのを
切るように当りまかせた
薙ぎ切って
切り倒して
いったところ
二十歳ほどの
乙女等は
この若い

ヨウサヌ

36
道中ニ
イカユティ
ペヌ中ニ
飛ビヤユティ

37
待チヨマチィ
金盛
手ピキィヒリ
マイフナ

38
手引キィシヤ
ナラヌ
肝ピキィシヤ
イカヌ

39
真首ダキ
マヤーリ
マ胸ダキ
チィケリ

40
ウヌタミヌ

娘等に

道中にて
ぱったりと出会い
脚足の中に
飛び込まれ

待って下され
金盛
惨殺を今中止して下さい
偉い大将よ

手をひくわけにはいかない
いかない
心をゆるめるわけにも
ならぬ、と答えるや否や

金盛の真首を抱いて
飛びつき
胸部に抱きつき
とびはねた

かようなことが

アリリドゥ
ウヌ日記ヌ
アリリドゥ
与那国ヤ
立チャブル
一本ヤ
アリヤブル

あったから
このような記録が
あったから
与那国島は
維持されてきたのだ
この絶海の孤島は
守られてきたのだ

41

この古謡について、喜舍場永珣は著書『八重山古謡』(註)で、インシガー金盛「インシガーは誤りで金志川金盛である」と記している。そして、次のように解説している。

この金志川金盛ユンタの伝承は、黒島で採録したものである。金盛豊見親が八重山の歴史に見えるのは第一にオヤケアカハチ征討軍が来島の時に、仲宗根豊見親玄雅を先頭に二十四人の武将が参加したが、二十四人中の一人である。第二に凱旋に勝ちほこれる宮古軍はその破竹の勢いで反抗せる与那国島を平定すべく勇んで与那国征討に行ったところ、二月頃の悪天候と断崖絶壁の天険のために上陸不可能となって敗北、帰宮した史実がある。第三に鬼虎征討であるが、この古謡はそれ以前に金志川金盛等は与那国島が宮古の弾圧酷使に反抗している時に秘密に訪れて互いに兄弟分の交際並びに親戚分の親交をしようと申し込んだのに、与那国は憤慨してこれを拒否した。そこで金盛一行は宮古に帰郷するように見せかけて芭蕉筏船に炬点を点じて与那国人を騙す作戦を取り、皆が安心して寝静まるのを待って午前一時頃から同三時頃の寝入りばなに片っぱしから寝首をかいた。その惨状は目撃に堪えず乙女軍は憤激のあまり決死隊となって金盛の群中に躍り込み、殺生中止を申し込んだが拒否された。もうこれまでだと死を決し金盛の真首を抱いてこの娘子等も殺せと迫ったところ、金盛軍も中止して帰宮したと謡っている。この事件は宮古の史実にはあまり見えないが、古謡中に「吾等二人行けば、その上計略で行けば勝つ」と謡っているところは秘密行動のようにも考えられる。もっと研究を要する事件である。（下219p）

新城島上地では「いんちヰきやぬかなむる」と称されて、年中祭祀の「節祭」で歌い継がれている。

○いんちヰきやぬかなむる[10]（新城島・上地）

1　いんちヰきゃぬ　かなむる　　犬使い（金志川）の　金盛よ
　へ　ヨナウレ　　囃子
2　かまむるぬ　まいふな　　金盛の　賢い者（怜悧者）
　へ　ヨナウレ　　囃子
3　しヰとぅむてぃ　うきてぃよ　　早朝に起きてよ
　へ　ヨナウレ　　囃子
4　あさぱなに　すりてぃよ　　朝未き（朝端）に起きてよ

へ　ヨナウレ
5　みじヰむちゃく　やらびよ
へ　ヨナウレ
6　ふしヰむちゃく　へごさよ
へ　ヨナウレ
7　みじヰむちゃき　なゆどぅすてぃ
へ　ヨナウレ
8　ふしヰむちゃき　いかすでぃ
へ　ヨナウレ
9　てぃしヰみじヰし　からやよ
へ　ヨナウレ
10　ふしヰなでぃし　からやよ
へ　ヨナウレ
11　とぅむりしゅーや　わんな
へ　ヨナウレ
12　ぶさしゅーやわんな
へ　ヨナウレ
13　うらふにゆ　からしょーれ

囃子
水を持って来い童子よ
囃子
櫛を持って来い童子よ
囃子
水を持って来て何をするのか
囃子
櫛を持って来てどうするのか
囃子
手洗いをしてからはよ
囃子
櫛を梳いてからはよ
囃子
友利主は 家にお出でか
囃子
叔父の主は 家にお出でか
囃子
あなたの船を 貸してください

へ　ヨナウレ

14 うらむちゅゆからしょーれ

へ　ヨナウレ

15 ふにゆかりなゆすでぃ

へ　ヨナウレ

16 むちヰゆかりいかすでぃ

へ　ヨナウレ

17 ゆなぐにぬたびヰすでぃ

へ　ヨナウレ

18 ぴとぅむとぅぬたびヰすでぃ

へ　ヨナウレ

19 うしヰぬとぅきヰならんけ

へ　ヨナウレ

20 とぅらぬとぅきヰならんけ

へ　ヨナウレ

21 ゆなぐににぱやわり

へ　ヨナウレ

22 ぴとぅむとぅにとぅばしゃわーり

囃子

あなたの船を 貸してください

囃子

船を借りて 何をするのか

囃子

財産を借りて 如何されるのか

囃子

与那国に 旅しょうと

囃子

一本（孤島）に旅しょうと

囃子

丑の時（午前二時）にならないうちに

囃子

寅の時（午前四時）にならないうちに

囃子

与那国へ早く行って

囃子

一本（孤島）に飛ばして行き

へ　ヨナウレ　　囃子

23、きんしゃぱなうきてぃよ　　天蛇鼻においてよ

へ　ヨナウレ　　囃子

24、むどぅるぱなうきてぃよ　　ムドゥル鼻においてよ

へ　ヨナウレ　　囃子

25　みやらびにかいさり　　乙女に帰されて

へ　ヨナウレ　　囃子

26　みなさまにむどぅさり　　愛する女に戻されて

へ　ヨナウレ　　囃子

27　かいさりぬくりさよ　　帰されての苦しさは

へ　ヨナウレ　　囃子

28　むどぅさりぬしんさよ　　戻されての辛さは

へ　ヨナウレ　　囃子

この歌に関して、新城島には次の伝説がある。

その4、新城島の伝説(11)「いんちヰきゃぬ　かなむる」

宮古の仲宗根豊見親翁は、群雄割拠時代、王府(軍)とともに八重山のオヤケ赤蜂を討伐し、更に遠征し

て与那国を征服しようとした。

しかし、与那国の強い抵抗に合い敗け戦に終わった。何年か時が過ぎて再び与那国討伐に乗り込み与那国を平定し、目的を果した。

その時、豊見親翁の側近であった強者金盛は数人の者に死刑の宣告をしようとした。そこへ勇気ある女性が現れ、金盛の首にぶらさがり、人の首は戦の中で取るものであって、与那国はもう、貴殿方の配下に服従しているのにどうして、人の首を取ろうとするのか、人道的にもよくない。

これからは、貴殿方の言うとおり、どんなことにでも従うから許してくれるように嘆願するのであった。

さすがの金盛も彼女の折入っての願いには逆らえず、死刑の宣告を思いとどまった。しかし、王府の配下に入れるためには時間と教育が必要であった。そこで数十日滞在し王府への誓いを教育した。その間に金盛と彼女との中に恋が芽ばえ、人知れぬ交際があった。豊見親翁は与那国を平定し帰途につくことになるが途中、多良間島で二、三日休養するため滞在する。

豊見親翁は多良間の頭主である土原春源翁に密かに、側近の金志川金盛は宮古に帰ったら私の政治の邪魔になるので貴殿で処分してくれるように頼んだ。

一方、金盛には私達は与那国を平定して来たが、何時謀反が起きるか分からないので多良間に残って南の方を警戒するように命じた。豊見親が宮古に帰った後、多良間の頭主春源翁は金盛と会見して、豊見親翁は貴殿をこの地で処分せよといい残して帰られた。しかし、貴殿を処分することは忍びないし、貴殿が宮古に帰っても危険が待ち受けているので帰国を諦めて南下し、八重山で余生を送ることが良策だといい渡した。流石の金盛も春源翁の情に感銘納得し、八重山に下ることにした。金盛は黒島にわたり、犬を飼い西表島の山猪を取り暮らすようになるが、黒島よりも新城島（上地）が西表島に近くて便利なため、後年は新城（上地）で暮らした。しかし、与那国の彼女のことが恋しくなり、西表島のゴザ岳から時々、松明で連絡をとりあっていたという。新城（上地）では島の中央に金盛の墓があった。古くは鳥居もあって、傍にはクバの老木が三本あったが、それは金盛が与那国からもち帰り植えた二代目のクバだといわれていた。それは金盛が新城島上地を終焉の地とした証であると言われている。

一方、多良間島では金盛が八重山に下った後、春源翁の屋敷の近くには金盛を葬ったように見せかけの墓を造り豊見親翁に申し分けをしたという。

就中、歌は金盛が与那国の彼女に対する恋慕の情捨て難く、与那国へ渡るために船を借りて行ったが彼女に振られて帰る苦しさを詩ったものである（西大舛高壱・登野原武編著新城島上地の『古謡と祭祀』）。

西大舛高壱氏

その民話のモチーフは

①宮古の仲宗根豊見親翁は、王府（軍）とともに八重山のオヤケ赤蜂を討伐し更に遠征して与那国を征服しようとした

②しかし、与那国の強い抵抗に合い敗け戦に終わり、その後、再び与那国討伐に乗り込み与那国を平定し、目的を果たす

③その時、金盛は数人の者に死刑の宣告をしようとするが、そこへ勇気ある女性が現れ、女性の嘆願

によって人々の命を救う
④金盛は彼女の折入っての願いには逆らえず、死刑の宣告を思いとどまる
⑤しかし、王府の配下に入るために、数十日も滞在して王府への誓いを教育する
⑥その間に金盛と彼女との中に恋が芽ばえ、人知れぬ仲となる
⑦仲宗根豊見親一行は与那国を平定し帰途につき、多良間で二、三日休養のため滞在する
⑧豊見親翁は多良間島の土原春源翁に金志川金盛を処分してくれるように頼む
⑨一方、金盛に多良間に残って南の方を警戒するように命じて宮古に帰る
⑩その後、春源翁は金盛と会見して、貴殿が宮古に帰っても危険が待ち受けているので八重山で余生を送るようにいい渡す
⑪金盛も土原春源翁の情に感銘納得し、八重山の黒島にわたり、犬を飼い西表島の山猪を取り暮らすようになる
⑫その後、新城島（上地）が西表島に近くて便利なため新城島上地で暮らすことになる
⑬与那国の彼女のことが恋しくなり、西表島ゴザ岳から時々、松明で連絡を取り合う
⑭新城（上地）では村中に金盛の墓があり、古くは鳥居もあって、クバの老木が三本あった。それが金盛が与那国から持ち帰って植えたクバだといわれている
⑮一方、多良間島では金盛が八重山に下った後、春源翁の屋敷の近くに金盛を葬ったように見せかけの祠を造り、仲宗根豊見親翁に申し分けをした
⑯歌は、金盛が与那国の彼女に対する恋慕の苦しさを歌ったものである（歌の由来譚）。

これらのモチーフの構成要素のうち、とりわけ重要と思われるのは、⑩⑪⑫⑬⑭のモチーフである。
⑩の「土原春源翁は金盛と会見して、貴殿が宮古に帰っても危険が待ち受けているので八重山で余生を送るようにいい渡す」のくだりは、土原春源が金盛に刀を掛けていないことを意味する。
⑪の「金盛も土原春源翁の情に感銘納得し、八重山に下り黒島にわたり、犬を使い西表島の山猪を取り暮らす」のくだりは、多良間の英雄・土原春源の情を受けて金志川金盛が生きて八重山へ渡ったことを意味する。多良間島の金志川金盛を祀ったとされる祠は、遺体を葬った祠はお粗末で、一五〇〇年前後のミャーカ形式の墓でないことからも想定できる。その祠は仲宗根豊見親への見せ掛けの証ではなかろうか。また、「後年は新城（上地）で暮らす」のくだりは、八重山の黒島へ渡って、そこでは定住せずに西表島近くの新城島（上地）へと渡っている。今日、黒島では金志川金盛の伝承も残っていない。ただあるのは、喜舎場永珣の記した古謡だけである。
⑫の「新城島（上地）が西表島に近くて便利なため、後年は新城（上地）で暮らす」のくだりは、西表島へ行き犬を使って猟を楽しみ、西表島に近い新城島（上地）で暮らす。
⑬の「与那国の彼女のことが恋しくなり、西表島ゴザ岳から時々、松明で連絡を取り合う」のくだりは、与那国征討の時に恋仲になった女と夜な夜な舟を漕いで密会したという
⑭の「新城（上地）では島の中央に金盛の墓があり、古くは鳥居もあって、傍にはクバの老木が三本あったがそれは金盛が与那国からもち帰り植えたクバだといわれている」のくだりは、金志川金盛が与那国島へ行き来した証として墓には与那国クバが植えられている。そのことは金盛の最期は八重山の新城島（上地）の地であったことを物語っている。

○ 金志川金盛の墓

新城島（上地）の村内にある金志川金盛の墓は、村の南端の安里家と本底家の間にあって、間口は約八メートル、奥行き約二〇メートルの屋敷内の奥に石垣で囲まれている。

高さは約九〇センチメートル、縦、横とも約二メートルの正方形の石積み「ミャーカ形式」で造られている。その墓には墓口はなく、正面には平たいアワ石が三個並べられ、その上には香炉、シャコ貝がそれぞれ一個、古い花瓶と湯飲み茶碗も並べて置かれており、信仰の跡が見える。戦前まで与那国クバが三本生えていたという。今日でもその墓の左手前に枯れたクバが一本あり、右手にもアコウ木に絡まれたクバが一本生えている。

しかし、島に住む安里真幸（七五歳）は、「それは以前のクバの木ではない。敷地の入口には木でできた鳥居も近年まであった」という。（二〇一一年九月二一日調査）

新城島下地でも年中祭祀の節祭に「いんじヰきゃ・ジラパ」が歌われていた。

金志川金盛の墓

○いんじヰきゃ・ジラパ[12]（新城島・下地）

1　へーヤ　いんじヰきゃぬ	囃子　ものごとに猛けた
かなむれ	金盛
へー　ユワナウレ	囃子
2　へーヤ　かなむれーぬ	囃子　金盛の
まいふな	賢い者（怜利者）
へー　ユワナウレ	囃子
3　へーヤ　しーるかやぬ	囃子　あつかましい
ぬどぅたれ	荒くれ者
へー　ユワナウレ	囃子
4　へーヤ　うらふにーゆ	囃子　貴方の船を
ばぬひーれ	私に譲ってくれ
へー　ユワナウレ	囃子
5　へーヤ　むむぬりゃーゆ	囃子　百人乗り（船）を
ばーぬかーせ	私に貸してくれ
へー　ユワナウレ	囃子
6　へーヤ　うらふにーゆ	囃子　私の船を

なゆすでぃ　　どうするのか
へー　ユワナウレ　　囃子

7 へーヤ　むむぬりゃーゆ　　囃子　百人乗り（船）を
いかすでぃ　　如何するのか
へー　ユワナウレ　　囃子

8 へーヤ　ゆばぐにぬー　　囃子　与那国の
たびそーでー　　旅をしたいのだ
へー　ユワナウレ　　囃子

9 へーヤ　ぴとぅむとぅぬー　　囃子　一本（孤島）の
みちそーでー　　旅をしようと
へー　ユワナウレ　　囃子

10 へーヤ　うしヰぬとぅきヰ　　囃子　丑の時刻に
なーらんけ　　ならないうちに
へー　ユワナウレ　　囃子

11 へーヤ　まーさんとぅきヰ　　囃子　真三時に
なーらんけ　　ならないうちに
へー　ユワナウレ　　囃子

12 へーヤ　ゆなぐにーに　　囃子　与那国（島）に

はりゃいき
走らせて行き

13
へーヤ　ぴーとぅむとぅに
嘸子　一本（孤島）に
へー　ユワナウレ
嘸子
とぅびゃいき
飛ばせて行き

14
へーヤ　あーらぱなぬ
嘸子　新川鼻（地名）の
へー　ユワナウレ
嘸子
しーかすや
淋しさは

15
へーヤ　まーふぁじめぬ
嘸子　岩に砕ける波の
へー　ユワナウレ
嘸子
うとぅすや
音の響きは

16
へーヤ　ばーぎゃうやく
嘸子　私の親戚は
へー　ユワナウレ
嘸子
きゃーみさんさ
みんな健在か

17
へーヤ　ばーぎゃうつざ
嘸子　私の親類は
へー　ユワナウレ
嘸子
きゃーわーるんな
みんな達者か

18
へーヤ　きーんさぱな
嘸子　天蛇鼻（地名）に

ぬぶりてぃ　　　　登って
へー　ユワナウレ　　囃子

19
へーヤ　やふばとぅり　　囃子　櫂を取り裏表を
かいすーに　　　　返すように
へー　ユワナウレ　　囃子

20
へーヤ　かさばとぅり　　囃子　笠を取り裏表を
むどぅすーに　　　　戻すように
へー　ユワナウレ　　囃子

21
へーヤ　かいさりぬ　　囃子　帰されての
にたくりー　　　　妬みは
へー　ユワナウレ　　囃子

22
へーヤ　むどぅさりぬ　　囃子　戻されての
しんさやー　　　　辛さは
へー　ユワナウレ　　囃子

23
へーヤ　ちーばくだき　　囃子　釣り竿が
やふぁやふぁとぅ　　自在に撓るように（柔らかく）
へー　ユワナウレ　　囃子

24
へーヤ　やーぱらだき　　囃子　柔らかな竹が

やふぁやふぁとぅ　　　　　　　自在に曲がるように（柔らかく）
へー　ユワナウレ　　　　　　　囃子
へー　ユワナウレ　ユワナウレ　ナウレー　囃子

このジラパについて、野底宗吉は著書（新城下地島）『節祭ジラパ集』で、次のように解説している。[13]

　このジラパは時代は不明だけれど、この唄の主人公金盛とは、約五百年前宮古島の島主仲宗根豊見親玄雅が琉球王の命を受けて、与那国島の悪政者鬼虎首長を討伐した時に仲宗根征討軍の一人であった豊見親の弟金盛との説がある。詳細は別記することにして、この歌の主人公カナムリとは現在上地村の南側の墓の形をして現存している。

　小生らが子供の頃は鳥居も建てられていた。この人は霊感にたけた偉い人であった。如何なる縁か与那国の或る娘と恋仲になり、毎夜ともいう程に上地島〜与那国島（一二七キロメートル）を一晩で往復して夜這いをして恋愛を楽しんだとのことである。聞くだけでも人間の業とは思えない、神出鬼没の感がする話である。或る時、その事を感じ取った島の妻が、船の底に女の髪の毛を掛けて、呪いを掛けた。そのこととは知らず、その晩は船足が鈍っていつもの逢い引きの時刻に遅れたので、女の方から逢い引きを拒絶され、軽く断られて戻された時の腹立たしさを、櫂の裏表をたやすく返すように、笠の裏表を軽く返すように、釣竿の先が自由自在に曲げられる様にたやすく断れたと表現している様である。

なお、昭和五十年三月発行の安里武信著『パナリ』（90頁）にその事の一端が記されている。参照されたい。

〈追記〉この歌の主人公が事実であったとすれば、その後の詳細を知りたいと思うけれど、学問のない田舎のことであって、究明することは至難のことだと思われる。

その5、与那国に一晩で夜走した伝説⒁

安里武信著『新城島（パナリ）』では、次のように記されている。

新城島上地の花城家（廃家）の屋敷外西側に与那国に夜走（ゆばい）したという人の墓がある。そこには、十メートル位に伸びた与那国のくばの木が三本もあった。また、桑の木の枯れた、大人三人でかかえられる位のものが倒れていた。（筆者は少年時代にそれを現にみた。）

その人は一晩のうちに与那国島へ行き、恋人と会って帰って来たという力士であった。一ヤク（櫂で一回こぐこと）で、千尋も舟を走らせたと伝えられている。

ところが或る時のこと、どんなに力強く漕いでも舟が走らないので、不思議に思い、調べてみると舟底に女の髪が、かかっていた。しかもそれが恋人の仕業であったという話がある。

その人が舟を出し入れする所は、クイヌパナの西側で、岩と岩の間で人間一人がやっと登れる場所に舟をかくし置いてあったということである。また、その近くに舟を浮かべるのに都合のよい溝がある。島の人は、今でもそこを与那国溝（ゆのんまた）といっている。

節祭には、花城家だけで歌う「インキァノ　カナムリノ　マイフナ」という歌がある。「マイフナ」とは立派な人、偉い人ということである。花城家は現在は廃家となっている。

むすびに

この小論では、十六世紀の宮古の英雄・金志川金盛の説話の系譜について考えてみた。右に見たように宮古の英雄・金志川金盛は生まれ島の宮古島から多良間島、そして八重山の黒島、新城島へと生きながらえ、恋人のいる与那国島へと思いを馳せる。

それぞれの島の説話は、過去に実際に惹起した歴史的事実に寄り添って伝えられ、その時間的生命を獲得してきた。筆者は、その事実のできごとの傍証を得るべく記念品（事実追認の証拠品）として金志川金盛の墓を追い求めてきた。

宮古島の城辺の民話では、金志川金盛は主君の仲宗根豊見親玄雅に殺されて、首（頭）と体に二分され、首は多良間島へ、体は風になって八重山へと飛んで行く（宮古島には金盛の墓がない）。そこで多良間島に祠ができ、そして八重山の新城島・上地に墓ができる。正に金志川金盛は八重山で化生（変身）して生きながらえ、猪を捕り、与那国島の乙女と恋をする。最期の地（新城島・上地）では墓ができ、そこに与那国クバが植えられる。そして金盛が恋路に使用した島の西岸の舟泊は、今も与那国溝（ゆのんまた）と呼ばれ地名譚となっている。また、うたにも詠まれ生きている。

以上のことから、金志川金盛の終焉の地は新城島・上地であることを物語っている。

このように金志川金盛の説話は、うた（古謡）にも詠まれ、説話に関連する事実を確保、存在して、両先島にまたがって事実の信憑性を証明する具体化をはかっているのである。

【註】

（1）『沖縄大百科事典』【下】沖縄タイムス社（一九八三年）所収
（2）『沖縄大百科事典』【上】沖縄タイムス社（一九八三年）所収
（3）『沖縄大百科事典』【上】沖縄タイムス社（一九八三年）所収
（4）『沖縄大百科事典』【下】沖縄タイムス社（一九八三年）所収
（5）新里幸昭『宮古の歌謡』（付・宮古歌謡語辞典）沖縄タイムス社（二〇〇三年）所収
（6）『城辺町史』第五巻民話編（平成二年）所収
（7）『城辺町史』第五巻民話編（平成二年）所収
（8）『たらま島』〈孤島の民俗と歴史〉多良間村（昭和四八年）所収
（9）喜舎場永珣著『八重山古謡』【下】（昭和四五年）所収
（10）西大舛高壱・登野原武『新城上地島の古謡と祭祀』（平成一二年）所収
（11）同右
（12）野底宗吉著『新城下地島の節ジラパ集』「新城下地島を守る会」（昭和六三年）所収
（13）同右
（14）安里武信著『新城島（パナリ）』（昭和五一年）所収

第四章　説話にみる「白保村の創設と再建」

はじめに

石垣島の東南部に位置する白保集落は、東は太平洋に面し、海域はアオサンゴなど世界有数といわれるサンゴ礁が広がり、沖にはピー（干瀬・環礁）に当たって砕け散る白波が見える。南北に長い村域の中央部に轟川が東流し、その左岸、村域中央に旧盛山集落がある。地形は轟川流域以北は次第に高くなり、北部のカラ岳（一三六メートル）に連なる。高地はカラ岳北麓の大里（旧桃里）集落まで広がる。

往昔はカラ岳には遠見所があり、周辺は比高九〇メートルに満たないが、起伏の小さい比較的平坦な地形であるため、ひときわ目立つ残丘で海からの山当ての目印となっている。その南前方に「南ぬ島石垣空港」が建設されている。その建設に伴い現場内の高山洞穴から二〇一〇年（平成二二）に後期洪新世（旧石器時代）に属する人骨が発見されている。集落の南端の白保崎は古くは嘉崎と呼ばれ、海岸には一七七一年（乾隆三六）の明和大津波が成因という巨礫の散在する岩礁がある。集落の西には「ジザガ石」（地境石）があり、宮良集落との境を今に伝えている。また、集落の北西約二キロメートル余離れた上野地の与那岡（標高六〇メートル）に、近年まで屋敷跡や御嶽も残り、ウイヌムラ（上の村）と称されている。

白保集落は、一六四七年（正保四）に作成されたといわれる「宮古・八重山両絵図帳」によれば、八重山は六間切二島嶼、五八村に区分され、その中で石垣島は石垣、川平、大浜、宮良の四間切一二村があり、「いらふ（白保）」村は宮良間切に属している。

『八重山島年来記』によると、一六二九年には大浜間切に属している。一七一三年には波照間島から三百人余の寄百姓を入れて地頭村（独立村）となる。その後、人口は増加し、一七五〇年には一三七二人になり、内六八六人を真謝村に差分けて地頭村にしてもらうように申請がなされている。さらに、桃里村、安良、屋良村等へも差分けたことが記されている。

一七六八年（明和五）以後は宮良間切に属し村位は上村である。ところが、一七七一年の大津波では一五七四人の内一五四六人が溺死し、生存者二八人を残して潰滅してしまった。

一、白保村の創世神話

○八重山島の初め

八重山群島石垣島の白保部落の民間伝承によると大昔、日の神（てたんがなし）がアマン神を呼んで、お前は天から降りて下界の島を造れと言われたのでアマン神は命を受けて出発した。その時天（あま）槍矛（やりほこ）を授けて、多くの土石を与えた。アマン神はその土石を持ち運んで天の七色の橋の上から大海に投げ入れ、天の槍矛でかきまぜると土石が凝り固まつて八重山島ができたという。

この島には阿檀の木がいたる所に茂って年々その実は馨りたかく熟したが、神はまだ人間やさまざまの動物を造らなかった。

後になっては阿檀林の中の穴で、アーマンチヤー（寄生虫やどかり）を造ったが、ふしぎなことには「カブリー」と大声をはり上げて地上にはい出た。アーマンチヤーは阿檀の実を食って生き、あらゆる島に繁殖して思うぞんぶんに横行した。

ずっと後になって神は人種子を下したのである。やどかりの生まれた穴から玉のように輝いた美しい二人の男女が、やっぱり「カブリー」と叫びながら地上に生れ出た。地上の人となったものの、腹がすいてたまらないので、赤くうれている阿檀の実に飛びつくようにしてたべたらとても甘かった。これは二人の生命の神木であったのである。

二人はまだ性のことは知らなかったが、神は二人を池のそばに立たせて「二人はめいめいこの池のまわりを反対にめぐってみよ。」といいつけたので、そのとおりしたが逢ったとき二人はぴったりとだきあった。そこで始めて男女の性の道をさとって夫婦になって、三男二女の子宝をあげて喜んだ。これから人間がはじまったと言うのである。

この説話は、喜舎場永珣が白保で採録した八重山の創世神話である。喜舎場永珣は著書『八重山歴史』(22頁)の中で、次のように記している。

八重山の伝説は「八重山旧記」・「八重山由来記」や「遺老説伝」等にも見出すことができず、かろうじて白保古老の伝承によったものである。あるいは八重山にも以上のようなものが伝承されておったはずだが記録されていないのは遺憾である。

と述べ、そして、〔大正五年(一九一六年)白保部落で採録〕と記している。

確かに、石垣島白保には神話「アマンの世の話」が残っている。

○アマンの世の話

大昔に、私たちの島というものは、この島、国というものは、海の大海の中から島が生まれて、この島がだんだん成長してきて、この島の上にススキの根が生え、また、アダンの根が生え、いろいろな草木が生えてきたが、生き物の生まれ（はじめ）はヤドカリから。ヤドカリという生き物が、いっぱい生まれてきているので、ヤドカリが、いっぱい（繁殖）したので、この島の上には、みんなヤドカリだけが住んでいたが、その後に人間が生まれた。人間も生まれてきたが、食べるものがない。

海に行き、潮干狩りして、えー、あれこれ採って食べて、魚、蛸などを採ってきて食べ、そうこうして生活していると、もう一度、人間がまた生まれてきたが、丸裸。

女も男も裸になって、もう、生活していたが、一夜、潮干狩りしに行くと、小雨が降ったので、潮干狩りして獲たものを担いで石の洞窟（ガマ）の下に入り、雨を避けようと入り、そこで、高瀬貝の殻の役は、あれこれ食べながら見ると、ヤドカリがやって来ては、波打ち際に、海の波打ち際に、自分の巣（殻）ははずして置いて、巣をはずして置いて、海に入り、水を浴び、水を浴びて、また、その同じ巣に入って帰って行く。それを見て、

「なるほど、そうか」

これ（ヤドカリ）が、こうのようにしていたので、人間は、女も男も、それを見て、余りにも（いたたまれなくなり）、「こうのような生き物でさえ、やってきている。生き物でさえ、恥を隠して生きている。私たち人間であって、こうのような生き物でさえ、恥を隠している。私たち人間も、恥は隠さないといけない」と言ったので、クバの葉で前を隠し、後ろを覆い、雨が降るときは上から着て、それが

着物のはじまり。

また、人間は恥を覆うようになって、それをヤドカリが教えてくれたので、「アーマン〈ヤドカリ〉の世」と、昔の人は言われたが、それで、人は、それから、もう、木の皮、葉をあれこれして、着る物を着て、恥を覆い、そうしてやってきたものが今の世までも、こうのように着る物もあり、こうのように歩く〈生活している〉という話だ。

それで、この「アーマンの世」というもの〈言葉〉は、ヤドカリから学んだので、「アーマン〈ヤドカリ〉の世」（なのだ）。（米盛一雄 談）

八重山諸島では、今でも創世のことを「アーマンの世」と言っているが、この民話では「アマン世」と語っている。

この「アマンの世の話」（原話）は、『石垣市史研究資料』7『白保の民話』1に収録されている。

この研究資料の原話は、筆者が白保方言を残すために明治四四年生まれの米盛一雄翁の方言語りを収録し、筆耕し、山里純一氏が補筆、修正したものである。

この「アマンの世の話」（民話）には、島の起こり、植物、動物、人類の誕生、そして、人が着物をまとうに至った経緯などを語っており、貴重な話である。

牧野清は、著書『八重山のお嶽』（217〜218頁）で、次のように記している。

二、説話にみる白保村の創設

『八重山島由来記』の記録

仲嵩御嶽　神　名　宮や鳥や山
　　　　　御いべ名　照月けんなふ　(宮良村)
山崎御嶽　神　名　みや鳥や神本
　　　　　御いべ名　玉置かわすしや　(宮良村)
外本御嶽　神　名　神の根
　　　　　御いべ名　照月きんなふ　(宮良村)
嘉手苅嶽　神　名　仲盛
　　　　　御いべ名　なり大あるし　(白保村)
真和謝御嶽　神　名　中原神本
　　　　　御いべ名　みやらし　(白保村)
多原御嶽　神　名　神根付
　　　　　御いべ名　大ひるかめひる　(白保村)

右六嶽立始る由来は昔西かわら東かわらとて兄弟の者居けるか水嵩（ミズダキ）中頃はせつこま後はふたらまと云所に移り家を構居けるに兄は宮良弟は白保と云所に差越し家を作居けり其時分迄は諸人心々に所々に家を作り闘争（たたかいあらそ）ふ事不止何（やまずいつ）の時可果（ときはつべき）もなき処に彼兄弟心能者（こころよきもの）なる故草庵（そうあん）に徒然（つれづれ）に居ける人々彼兄弟の居所へ漸々（ぜんぜん）我も誰もと相集り村と成る兄弟存寄（ぞんじより）に皆一所に集居けるとも作物又は村の無垣故山猪（かきなきゆえやましし）牛馬出来（いできた）り作物喰盡しける間村の外より大瀬（ウフシ）積廻（つみまわし）牛馬猪可相凌（あいしのぐべし）と相談いたし白保の東 表（アーリィウムティ）川尻と云所より宮良の西 表（イーリィウムティ）高山と云所まで二里餘高五尺積廻し終に中嵩盛と云山の側に参会して皆祝ふ折節（おりせつ）さかいかね　をれまさり　あしひやかり　いりきやかね　やとりかね　みものかね　と申す六御嶽神彼等六人の女子に御乗移り神詫ありけるは汝等心不和（わせず）して皆分れわかれに居て闘諍（とうそう）して殺害（さつがい）死人多し西かわら東かわら心能者故（こころよきものゆえ）諸人和合し村を立又村の垣作物のためとて大瀬積廻す是神慮（これしんりよ）に相叶（あいかな）ふ故向後汝等守護のためをもと大あるじの御遣（おんつかわ）しめされたると色々の詫宣あり群集の老弱男女首を傾け謹而（つつしんで）禮拝し其時より彼六神を六嶽に勧請（かんじょう）して今迄崇（あが）め来（きたる）也宮良白保二ヶ村も大瀬も其時始たると申伝けり

【註】（1）『八重山島由来記』では真和謝御嶽の次には「仲夢御嶽」とあり、『琉球国由来記』と照合の結果、明らかに誤りであるので「多原御嶽」に訂正した。神名、御いべ名はそのままである。

（2）『琉球国由来記』では、六嶽全部が宮良村になっていて、白保村という記載が全然ない。『八重山島由来記』でも嘉手苅御嶽は宮良村になっている。然し白保村は慶長検地（一六一〇）当時、宮良村とともに宮良間切を形成しており、『琉球国由来記』はその百年後の成立であるから、ここは『琉球国由来記』の誤りで、嘉手苅、真和謝、多原三嶽は、孰れも白保村とすべきであると考える。

喜舎場永珣著『八重山歴史』第二章「部落の創設」で、次のように記されている。

○第三節「宮良・白保両部落と六お嶽」の創立伝説（56〜57頁）

仲蒿御嶽　神名　宮ヤ島ヤ山　御イベ名　照月ケンナフ（宮良）
山崎御嶽　神名　ミヤ鳥ヤ神本　御イベ名　玉置カワスシヤ（同）
外本御嶽　神名　神ノ根　御イベ名　照月キンナフ（同）
嘉手苅御嶽　神名　仲盛　御イベ名　ナリ大アルジ
真和謝御嶽　神名　中原神本　御イベ名　ミヤライシ
多原御嶽　神名　神根付　御イベ名　大ヒルカメヒル

八重山島嶽々名並同由来記に書いてある。

昔、八重山島に兄弟二人がおつた。兄を西瓦（いりかーら）、弟を東瓦（ありかーら）といつた。二人とも心がおだやかで仲がよく、人ともむつまじく、人々をよくみちびいて徳望の高い兄弟であつた。二人ははじめ「水嵩（みずだき）」という所に住いをもつていたが、「せつこま」に移り、さらに「ふたらま」という場所へかわつてすんでいた。兄弟は相談をこらして、部落建設上将来性のある土地を選んで住むことに決め、兄は宮良部落の土地を選んで住いを構え、弟は白保の土地を選んで移ることになつた。

当時の人は各所に点在して住んでおつたが、いつも争いがやまず略奪を事とした弱肉強食の蛮行の時代であつたが、この二人の兄弟は草庵をむすんで平和な明るい、見る目もうらやましい生活を続けていたので人々も恥じいつてその徳をしたつて両人の所に寄り集まり家を構えるようになつた。これが現在のある白保宮良両部落のはじまりである。

こうして部落の基礎がなりたつたので兄弟二人は進んで第二のプランを立てた。それは「猪害防止垣」の建設である。農作物の保護の上からもつとも必要なこの事業の計画を村人に計つたところ、こぞつてこの事業の完遂を誓つたので二人は大いに喜んだ。

いよいよ事業がはじまつた。弟は轟川の川尻から起工して西方へ向かい、兄は俗称高山という高台を起点として東に向かつて、高さ五尺長さ二里余りの俗称「大瀬（うふし）」という猪害防止の石垣を築いた。この事業が「仲嵩盛（なかたけもり）」という地点で見事に竣工をみた時の村長の喜びは大したものであつた。その落成祝賀の時、サカイカネ、ヲレマサリ、アシヒヤカリ、イリキヤカネ、ヤドリカネ、ミモノカネという六柱の神が六人の婦女子にのりうつつてつぎのような神託がくだつた。

「村人が各所に散在していたころは略奪争斗の蛮行を続けておつたが、兄弟二人の徳化によつてみんなが真人間にかえりりつぱな部落ができた上に今また猪害防止垣建築の工事が出来あがつた。その功績は偉大であり、これは真に神の心にかなうものである。これからお前らを護るために「大本大主」

の神の命によつてわれわれ六神は来たわけである」村民は謹んで感激し礼拝した。六神のうち三神を宮良村に勧請して仲蒿・山崎・外本の三お嶽をたてゝ他の三神霊を移して嘉手苅・真謝・多原の三お嶽をたてゝ崇敬した。（遺老説伝参照）

この創世神話は、宮鳥御嶽の創建の由来とともに、八重山の古代社会をを窺うきわめて貴重な記録である。この創世説話について、『宮良村誌』（34〜35）は、次のように記している。

人間の生活は、潤沢に飲料水がある地域が第一条件に考えられ、、集落移動の経緯も流水や湧水を頼って村落が形成されている。宮良村の発祥も水岳山から平地である「セツコマ」に移り、更に、フタラマの湧水と平坦な耕地を求めて移動している。その後、海浜に近い宮嶺を中心にタフナー、カンダ、マコースク、ウラーシィ、ヌーナ、カディカッル、ナーラサ等の湧水や流水を頼って集落の移動を行っていたが、西嘉和良、兄弟が石垣を積んでから大瀬より南側に耕地を求め、両部落を築き定着したと伝えられている。

ところで、この説話の中の地名「みずだき」（水蒿、水岳）は知ることはできるが、「せつこま」、「ふたらま」が、どこを示しているか定かでない。

また、「大本大主」の神の命によって来た六柱の神名と宮良・白保の六つの御嶽の神名との関連がないのは不可解である。

この説話は『琉球民話集』球陽外巻　遺老説伝口語訳　全巻（159～160頁）では、次のように記されている。

○邑を創る兄弟（むらをつくるきょうだい）

むかし、八重山に二人の兄弟がありました。

兄の名は西嘉和良（にいかわら）、弟を東嘉和良（ひがしかわら）といいました。

兄弟は生れつきおだやかな性質で、お互に仲よくすることは勿論のこと、すすんで人々を、睦じくさせるなど、家中が、いつも春のように和（なご）やかでした。

兄弟は水高（みずだか）にいましたが、後に普太良間（ふたらま）に越し、兄は宮良、弟は白保の地に移りました。

その頃、八重山は人々の住居が一定のところに決つていないので、あちらに一かたまり、こちらに一かたまりという風に、散々（ちりぢり）で争ひの絶間がありませんでした。

ただ西嘉和良兄弟だけは、おのおの草庵をつくつて、どんなことにも煩（わず）らはされることなく、日々を安らかにすごしていました。

すると、この兄弟のことを聞き伝えた近隣（きんりん）の人々は、皆、その奥床（おくゆか）しい暮（くら）しを慕（した）つて、家族をともなつて、集つてきましたので、遂に二つの村ができました。

それで兄弟は相談をいたしました。

「皆が集つて、村はできたが、時々、（いのしし）がでてきたり、また、牛や馬が逃げだして農作物を食い荒したりするため、人々の受ける損害はとてもひどい。

是非、石垣をきずいて、これ等の畜類の害を防がねばならない」

と相談がきまり、白保東表川尻（しらほひがしおもてがわじり）から宮良西表（みやらいりおもて）の高山の地まで、ずつと石垣を築きました。

その高さといえば、五尺にも及び、端から端までの長さは二里あまりもありました。この石垣ができてからは、鳥（とり）や、獣（けもの）に五穀を荒されることもなく、したがつて農作物は豊に実（みの）り、ここで始めて人々は安らかに、生活（くらし）ができるようになりました。

【註】この由来は『琉球国由来記』にも記されていて、白保・宮良の村造りの初めといわれている。

宮良、白保村建ての主役である二人の兄弟の名「インナーラ」「アンナーラ」の呼称を『八重山歴史』は「西瓦」「東瓦」と記している。それが「遺老説伝」には「西嘉和良」「東嘉和良」、「琉球国由来記」に「西カワラ」「東カワラ」、『八重山のお嶽』では「西かわら」「東かわら」と記され、いずれが正しいかと村人を悩ませている。

宮良村には、村内に兄弟二人の頌徳碑がある。一九六四年頃、集落内で公民館を建築中にコンクリートのスラブが陥没し、部落民を驚かせた。そのことがあって、村では八重山研究の先駆者・喜舎場永珣翁に碑文を依頼し、その敷地の東南角に「西瓦頌徳碑」「東瓦頌徳碑」を建立し、以来村恒例の祭祀はここから始めている。

牧野清の調査によると、大正初期頃までは、敷地の中央には西瓦、東瓦の墓と伝えられる石積みの墓があったが、遺骨らしいものはなかったという。

筆者は、若き頃、宮良村の古老・大久宜佐翁から「どうして白保はアンナーラを祀らないか」と言われ、白保村の古老・崎原場慈翁や米盛松翁に掛け合ったことがある。

三、説話にみる白保村の再建

明和八年の大津波後に調製された「大波之時各村形行書」によると、野国親雲上親在番は、卯年（一七七三年）に、波照間島から四一八人を再移入せしめて、元村敷（現在地）より亥方（西北）の上野地に村建てを行っている。また、巳年（一七七三年）には、元村敷にあった「嘉手苅御嶽」をはじめ「真謝御嶽」「多原御嶽」の三御嶽を上野地に奉遷して崇敬している。

ところで、津波後、白保集落が何年の年月を経て現在地に移転したかは定かでない。各御嶽の（嘉手苅御嶽を除く）の移転も然りで、いつ現在地に奉遷されたかは未だ知られていない。右の三御嶽の扁額に記された一七九三年（乾隆五十八）からみて、およそそれ以前に移転されたと推考される。

また、津波後に白保村が如何にして再建されたのだろうか。それを知る史料は少ない。前掲の『白保の民話』７「千人墓と白保の村建て」（6～13頁）は貴重である。

○千人墓と白保の村建て

えー、昔、私たち白保村は、この波のために、津波のために流され、もう、それで、その、流され死んだ人は、ここも、あそこもみんな死んだ。白保で命を長らえた人は二八名、その生き残った人が集まって来て、その〈死んだ人を〉埋める墓もない。それで、その人〈死人〉を担いで来て、今のタジナー〈白保の地名〉の上に千人墓というのがある。その千人墓にみんな入れて置いた。そこに千人、万人の人を入れたので千人墓というが、それは津波の時に亡くなった人たちを持って来て、その千人墓に入れて置いたので、それを千人墓という。そこを千人墓と言うが、これは津波で溺れて流された人たちの墓。

それで、昔、村は、私たち白保村を建てたのは、その津波のために生き残った人は、たった二八名。それだけの人で上の村、それで上の村とある。

その上の村にやって来て、もう、暮らしていると、私たちに中央〈首里王府〉から、さあ、白保村は倒れたので、宮良村も、大浜村も〈津波で流されて〉無くなってしまったので、ぜひ、この村を再建してあげなくてはと、今度、波照間島は、また、その当時、津波も押し寄せなかったので、えー、津波の被害もないので、その当時、人間（人口）は過剰で、作って食べる分すらない。

それで、波照間の島から人を、道切り、並切りして分け、私たち白保村に三百、また何百人、大浜村に何百人と、宮良村は小浜からこうして分けて行かせたら、白保村に分けた時に、道切り、並切りされたので、米盛の祖父、加那祖父という人は、

米盛一雄氏

「ああ、いずれにしても、天（王府）に逆らうことはできない。天に背くことはできないので、反抗できないので、どっちみち、私たちは白保村に分けられる人であるから」と思った。

さて、普田盛家の祖父と（加那？）祖父は、またその人も〈自らも〉、道切りして白保に分けられる人であるので、米盛家の祖父、普田盛家の祖父の妻は米盛家の祖父のブナリ〈姉妹〉、この人はまた阿底御嶽の願い人、阿底御嶽の、波照間の阿底御嶽の願い人であるから、

「さて、もう、仕方がない、道切り、並切りされて、私たちは行くことになっているので、さて、どうするか。私たちは先になって行き、（後から）その島のそれ程〈数百人〉の人がやって来ても、作って食べる地はあるのかないか、また、どういう所に白保村を建てるかと思って〈見定めるためにも〉、私たちは、さあ、先に行こう」と言ったので、普田盛家の祖父と祖母は、

「さあ、遅かれ、早かれ分けられる人であるので、私たちは先に行こう」と言って、米盛家の祖父夫婦、普田盛家の祖父夫婦四人が行き、阿底御嶽に行き、

「どうぞ願いますれば、私たちは、白保村に分けられることになっているので、白保村に着くまでは何の災いも不幸あらせずに、風、天気もきれいで〈おだやかで〉、その島に着かせて下さい」と、阿底御嶽に行き願った。阿底御嶽の香炉の火を取り、自分たちの香炉に三掴み、掴み入れた。さあ、この香炉を持って行き、舟前に据えた。さあ、女二人は、

「白保村に着くまでは香炉の火を消すなよ、消さずに、『トートー〈尊〉、アートートー〈ああ尊〉』して白保村に着くまでは、災いも不幸あらせずに立派に白保村に着かせて下さい」と、これを申し上げて行った。

男二人は一生懸命に漕ぎに漕いで行くと、さて、災いも不幸もなく白保村の東に来て、大きな割れ

口（リーフの切れ目）から入り、こうのように大きな割れ口から入って来て、来て、トゥマリタカベー、いや、ユブサウラー、ユブサウラーまで来て、ユブサウラーに舟を着け、舟を着けて、ヤラブの種物、麦の種、米の種、粟の種、〈それらを〉みんな担いで持って来て、米盛家の祖父と普田盛家の祖父と、祖母たち二人で担いで、祖母はまず、その波照間から持って来た香炉に阿底御嶽の火、その香を立てて持って来て、今の白保の阿底御嶽（波照間御）のある方に持って行き香炉を据えた。

「さあ、ここを願い所にしよう」と置いた。

さあ、米盛家の祖父と普田盛家の祖父夫婦は来て、今の、現在、米盛家のあるところさえも、みんな木が生え放題になって、こうのような状態なので、切り捨て払い捨てて、そこに片流れ造りの小さな家を造って、普田盛家の祖父の分として、片流れ造り家を造って、自分たちの分も片流れの家を造っていたが、

「もしかして、作って食べる土地はあるか」と、行って、ウナタ（地名）に上がって見ると、波照間から何百人来ても作って食べる土地はあったので、

「さてさて、今、このように、作って食べる地はあるので、波照間（の人々）に言い聞かせて、『来い、早く来い、ここには作って食べる地はあるよ』と、言い伝えないといけない」と言いつけて、

「ユナムリに、えー、上の村に、津波で生き残った二人、人たちがいる」と言ったら米盛家の祖父は、そこに上がって行き、

「さあさあ、私たちは白保村を建てようと、建てるために、私たちは波照間から来ているので、あなた方も下り下りて、さあ、私たちと一緒に白保村を建てなければならないのではないか」と言うと、

上の村にいる人は、

「ああ、さてさて、もう一度、こういう津波に当ろうとは考えられない。ただ、もう一度こういう津波が来てはと思い、自分たちは下に降りられない。もう、ここに生涯いる」と言ったので、米盛家の祖父が、

「人間は海を頼り、山を頼りにして、人は命を長らえるものだ。海を外す（捨てる）と何を食べるのか、人間は海を頼り、山を頼り、川を頼って人間は持って〈生きて〉行ける。この村というものは、海の傍に、村は、川の傍にあってこそ、食べていけるので、さあ、あなた方も下に降りなさい」と言うと、

「いや、そういうわけにはいかない」と言ったので、

「そうか、それではよろしい」と。そこで、米盛家の祖父と普田盛家の祖父は居て、波照間から、今日は二人、今日は三人、あすは幾人と。

昔の舟は二人、三人しか乗れない。幾人しか舟は乗れないので、こうして食べ物、今度は食べ物は食べる分しかない。（とうとう）無くなり、海のシャコガイも無くなり、海の漁（あさ）りをして食べて、命を繋ぎ、こうして居て、えー、波照間から四百人余り人が来たので、村を建てたら、さて、上の村にいる元の白保村の人たちは、

「はー、さて、人は人が立たせている。人が居てこそ（生活できる）」と、彼等も一人下り、二人下りして、下りきて、白保村と一つになり、こうして白保村を繁昌させた。それで、この米盛家の祖父と普田盛家の祖父のおかげで白保村も栄え、村も栄え、このように今でも、この白保の米盛家の祖父と普田盛家の祖父たち、祖母たちの（ために）清明祭をして、米盛家は是非、この二人でこの白保村を建てて下さったということから、この白保村を建てて下さった二人を、いや、夫婦四人を清明祭をして（祀っ

て)、今までも清明祭をしている。それで、これは、本当は、米盛家だけでなく、白保村でも、この清明祭をすべきではなかろうか、という話がある。

この民話の冒頭は、津波によって死亡した白保の人々を葬ったという千人墓の話である。この「千人墓」の話に続けて「白保の村建て」の話が語られ、如何にして波照間島から村移動がなされたかを語っている。また、人々と共に「波照間御嶽」が創設された経緯をも語っている。その「波照間御嶽」には、波照間島の「真徳利御嶽」(マトールワー)の分神が祀られている。

むすびに

これは、書き下ろしの小論である。

筆者は、石垣市史編集委員会の民話小委員会が発足し、その小委員長となり、石垣島の民話の原話を求めて、これまで「安良の民話」を一四話、「白保の民話」を三五話採集することができた。「安良の民話」は、石垣市の『石垣島　古郷安良の原風景』に収録され、「この白保の民話」は、『石垣市史研究資料』―7で、1、2に収録されている。

その中で、白保出身の筆者が興味を引いたのが「白保村の創建と再建」であった。この小論は、その「白保の民話」の訳文を拠り所にして考察を試みた。

あとがき

定本『柳田國男集』第二巻に「清光館哀史」がある。かつて、筆者は日本大学の通信教育で高校教師になって国語の教科書に載った「清光館哀史」を扱った。その「清光館哀史」では、

「おとうさん。今まで旅行のうちで、一番わるかつた宿屋はどこ。さうさな。別に悪いといふわけでも無いが、九戸の小子内の清光館などは、可なり小さくて黒かつたね。」で始まる。(中略)「ちやうど六年前の旧暦盆の月夜に、大きな波の音を聴きながら、この淋しい村の盆踊を見て、何を聞いても見てもたゞ丁寧なばかりで、少しも問ふことの答のやうでは無かつた」。そして、六年後に「うかうかと三四日、汽車の旅を続けている途中で、殆ど偶然に近い事情から、何といふこと無しに陸中八木の終点駅まで来てしまつた。駅を出てすぐ前の静かな一つ岡を超えて見ると、その南の坂の下が正にその小子内の村であった」。「今日は一つ愈ゞ此序を以て確かめて置くべしと、私は又娘たちに踊りの話をした。(中略)「あの歌は何といふのだらう。何遍聞いて居ても私にはどうしても分からなかったと、半分独り言のやうに謂つて、海の方を向いて少し待つて居ると、ふんと謂つたゞけで其問には答へずにやがて年がさの一人が鼻唄のやうにして、次の文句を歌てくれた」。

と、柳田國男は、その盆踊りの歌の意味を知り得た感慨を述べている。筆者は、そのことに感動を覚え、

柳田國男の六年前と、六年後の民俗調査の方法を知ることができた。まさに、教師冥利に尽きるである。

日本民俗学の創始者・柳田國男は、大正十年一月、石垣島に来島されて「あらはまのまさごにましるたから貝 むなしき名さへ なほうもれつつ」の一首を残した。筆者は、柳田國男歌碑建立の期成会長になり、会員と共々に、その建立にあたり、記念誌『たから貝』を編集してきた。

これまで、筆者は「我以外皆師」を念頭に、民俗調査を試みてきた。民俗調査は、時と場所を問わず、祝いの座でも、葬式の場でも、教え子からも学べるものだ。そして、もっとも小さなことを知り、そこに多くの知恵をしぼり喜びを感じてきた。その感慨は、人生の礎になり、生きる糧となっている。

ここに、これまでの発表した論考に、説話にみる「白保村の創設と再建」を新たに加えて、大方の批正を仰ぐに至った次第である。

説話は、風土に根ざした語りであり、島人の思いが話されている。そこには時間と空間に限定された人々の生き証しが感じられる。それらは貴重な財産であり、筆者は力の及ぶ範囲でその収集に当たってきた。社会に貢献できれば幸いである。

むすびに、出版していただいた榕樹書林の武石和実氏に感謝の念でいっぱいである。

石垣　繁

初出一覧

一、「パイパティロー」説話の世界観
八重山文化研究会編『八重山文化論集』第3号―牧野清米寿記念―　加筆

二、与那国島比川村の「天人女房譚」――銘苅口説を中心に――
『琉球の言語と文化』（仲宗根政善先生古稀記念）に掲載し加筆

三、宮古の英雄・金志川金盛は、八重山に生きる
奄美沖縄「民間文芸学」第12号（二〇一四年四月）

四、説話にみる「白保村の創設と再建」
『白保の民話』からの再構成

著者略歴　**石垣　繁（いしがき　しげる）**

1937 年、石垣市字白保に生まれる
沖縄県立八重山高等学校卒業。日本大学通信教育部文理学部文学専攻（国文）卒業。
高等学校を卒業して直ぐに教職につき、八重山地区の小・中・高校で勤務し、定年退職
1969 年 9 月、八重山郷土文化研究会を設立
1992 年、八重山群体育協会スポーツ功労賞（陸上）表彰
2003 年、日本陸上競技連盟Ｓ級公認審判員に委嘱される（会長　河野洋平）
同年 11 月、八重山毎日文化賞受賞
2007 年、石垣市市政功労者（文化部門）表彰
2017 年、石垣市史編集委員会委員長
同年 11 月、一般社団法人・沖縄陸上競技会（会長　國場薫）表彰
2019 年現在、八重山文化研究会顧問、宮良當壯賞選考委員長

〔主要著書・論文〕
2017 年　『八重山諸島の稲作儀礼と民俗』、（南山舎）
2017 年　〈共著〉『八重山・石垣島の伝説・昔話－登野城・大川・石垣・新川－』（三弥井書店）
2002 年　〈編集課〉「聞き書き（田場天龍）」「石垣市史のひろば 第 25 号」（石垣市総務部市史）
2013 年　「立法院発足前の八重山郡島」『沖縄県議会史』第二巻 通史編 2、（沖縄県議会）
2018 年　『白保村歌謡集』（ビープラン印刷）

住所　〒 907-0022　石垣市大川 108 番地

八重山民話の世界観

ISBN978-4-89805-215-0 C0339

2019 年 8 月 15 日　印刷
2019 年 8 月 20 日　発行

著　者　**石　垣　　繁**
発行者　**武　石　和　実**
発行所　**榕　樹　書　林**

〒 901-2211　沖縄県宜野湾市宜野湾 3-2-2
TEL. 098-893-4076　FAX.098-893-6708
E-mail : gajumaru@chive.ocn.ne.jp
郵便振替 00170-362904

印刷・製本　（有）でいご印刷

がじゅまるブックス　14